fensterplatz.ch

SCHWEIZER HOTELS ZUM WOHLFÜHLEN

für das Wochenende | für die Reise | für den Tapetenwechsel

2004 | 05

Ein Midena HotelGuide.

Die Hotels zum Wohlfühlen sind im Internet
unter www.fensterplatz.ch abrufbar.

© 2004 Edition FONA GmbH, 5600 Lenzburg
Telefon 062 892 44 33
Fax 062 892 44 34
E-mail: verlag@fona.ch
Gestaltung: Andrea Heimgartner, Zürich
Karte der Schweiz mit Hotelpositionen:
Schlüssel-Informatik AG, Aarau

ISBN 3-03780-173-5

INHALT

- 4   Vorwort
- 5   Informationen
- 7   Hotelliste nach Regionen

- 13   **OSTSCHWEIZ**
  Kantone Appenzell, Glarus, St. Gallen, Thurgau, Schwyz (Region Zürichsee), Zürich

- 33   **GRAUBÜNDEN**

- 59   **ZENTRALSCHWEIZ**
  Kantone Luzern, Ob- und Nidwalden, Schwyz (ohne Region Zürichsee), Uri, Zug

- 79   **TESSIN/TICINO**

- 99   **MITTELLAND**
  Kantone Aargau, Basel, Bern, Solothurn, Freiburg

- 115   **BERNER OBERLAND**

- 149   **WALLIS/VALAIS**

- 159   **WESTSCHWEIZ**
  Kantone Berne, Fribourg, Genève, Neuchâtel, Vaud

- 169   Orte nach Alphabet

Liebe Leserin, lieber Leser

Das Aufschlagen des Midena HotelGuides ist wie das Öffnen des Fensters am frühen Morgen: Durchatmen, die Lungen mit frischer Luft füllen und – sich inspirieren lassen von den rund 150 porträtierten Häusern. Entdecken Sie eine Auswahl ganz spezieller Hotels, in denen der gute Geist nicht nur Legende ist. Sie halten einen Fensterplatz für Sie bereit, von dem aus alles ein bisschen anders aussieht.

Ankommen, Ausspannen – ob für kurze Zeit oder eine ganze Woche, am Ende eines Arbeitstages oder auf der Ferienreise – in einem Hotel, das im Erfüllen von Wünschen Spitze ist. Sich verwöhnen lassen und dabei erleben, wie Raum entsteht für nicht alltägliche Erfahrungen, Denkpausen oder ganz einfach unbeschwerte Stunden.

Und als Tüpfelchen aufs i finden Sie lauter *fensterplatz*-Angebote, die für Sie das Kennenlernen eines Hauses besonders attraktiv machen. Die Spielregeln dazu finden sich auf der kommenden Seite.

Wir wünschen Ihnen anregende Gedankenreisen im Voraus und danach unvergesslich schöne Erlebnisse im Ferien- und Reiseland Schweiz.

Edition Fona GmbH, Midena HotelGuides

INFORMATIONEN

Aufbau

Die vorgestellten Häuser sind in 8 touristische Regionen eingeteilt.
Einen guten Überblick vermittelt die Hotelliste auf den Seiten 8–12.

Zur Auswahl

Der Midena HotelGuide richtet sich an anspruchsvolle Gäste.
Die präsentierten Häuser vermögen jedoch die unterschiedlichsten
Ansprüche zu befriedigen. Lassen Sie sich von den gebotenen
Möglichkeiten überraschen.

fensterplatz-Spezialangebote

Viele fensterplatz-Hotels offerieren ein Angebot «Übernachtung/
Frühstück pro Person im Doppelzimmer ab CHF 60.– bis CHF 100.–»
oder ein attraktives Pauschalangebot mit vielen Extras.
Bitte beachten Sie, dass diese Angebote häufig nur zu bestimmten
Zeiten und/oder nach Verfügbarkeit der dafür reservierten Zimmer
buchbar sind. Setzen Sie sich mit dem Hotel in Verbindung und
reservieren Sie sich frühzeitig Ihr Zimmer.

Reihenfolge

Grundsätzlich sind die Orte in jeder Region nach Alphabet geordnet.

Preise

Alle Preise sind auf dem neusten Stand. Service, Taxen und MWSt
sind inbegriffen. Preisänderungen können jedoch nicht vollständig
ausgeschlossen werden.

Zimmer

Alle vorgestellten Hotels verfügen über komfortable Zimmer mit
Dusche/WC oder Bad/WC.

Nichtraucher

Viele Hotels haben Zimmer für Nichtraucher reserviert. Verlangen Sie
ein solches bei der Reservation, wenn Sie «rauchfrei» logieren wollen.

Symbole

Die Zeichen (Piktogramme) neben der Hoteladresse ermöglichen
einen raschen Gesamteindruck, jedoch empfehlen wir Ihnen, den Text
trotzdem zu lesen.

INFORMATIONEN

Lage

Die ausgewählten Hotels befinden sich zum grössten Teil an ruhiger Lage oder können ihren Gästen zumindest sehr ruhige Zimmer anbieten. Weisen Sie bei der Buchung darauf hin, wenn Ihnen absolute Ruhe am Herzen liegt.

Öffentlicher Verkehr

Teilen Sie Ihre Ankunftszeit dem Gastgeber rechtzeitig mit, damit er Sie am Bahnhof oder an der Bus-Station abholen kann.

Parkplätze

Alle Hotels verfügen über ein ausreichendes Parkplatzangebot.

Eine Bitte

Weisen Sie im Gespräch oder in Korrespondenzen bitte darauf hin, dass Sie durch den Midena HotelGuide auf das Hotel aufmerksam geworden sind. Sollten Sie von einem vorgestellten Hotel enttäuscht sein und den Eindruck nicht los werden, dass die Angaben nicht der Wirklichkeit entsprechen, schreiben Sie uns. Herzlichen Dank.

Kontakt

Midena HotelGuides, Aarauerstrasse 25, 5600 Lenzburg 2
T 062 892 44 83, F 062 892 44 34, fensterplatz@fona.ch
www.fensterplatz.ch

fensterplatz

HOTELLISTE NACH REGIONEN

Ostschweiz
Graubünden
Zentralschweiz
Tessin – Ticino
Mittelland
Berner Oberland
Wallis – Valais
Westschweiz

HOTELLISTE

OSTSCHWEIZ

Kantone Appenzell, Glarus, St. Gallen, Thurgau, Schwyz (Region Zürichsee), Zürich

SG	Abtwil/St. Gallen	HOTEL SÄNTISPARK	14
SG	Amden	HOTEL ARVENBÜEL	15
TG	Berlingen	SEEHOTEL KRONENHOF	16
GL	Braunwald	HOTEL ALPENBLICK	17
		HOTEL CRISTAL	18
SG	Bronschhofen/Wil	HOTEL-RESTAURANT BURGHALDE	19
SG	Degersheim	HOTEL WOLFENSBERG	20
TG	Felben-Wellhausen	LANDGASTHOF SCHWANEN	21
SZ	Feusisberg	PANORAMA RESORT & SPA	22
AR	Herisau	HOTEL HERISAU	23
TG	Horn	HOTEL BAD HORN	24
TG	Hüttwilen	SCHLOSSHOTEL STEINEGG	25
SZ	Lachen	HOTEL AL PORTO	26
ZH	Pfäffikon	LANDHOTEL SEEROSE	27
SG	Rorschacherberg	SCHLOSS WARTEGG	28
AR	Speicher	HOTEL APPENZELLERHOF	29
AR	Wald-Schönengrund	HOTEL & RESTAURANT CHÄSEREN	30
SG	Wildhaus	HOTEL STUMP'S «ALPENROSE»	31

GRAUBÜNDEN

GR	Arosa	BELAROSA HOTEL	34
GR	Breil/Brigels	HOTEL CRESTAS	35
GR	Celerina/St. Moritz	HOTEL CHESA ROSATSCH	36
GR	Chur	ROMANTIK HOTEL STERN	37
GR	Davos Platz	HOTEL BEAU SEJOUR	38
		HOTEL MOROSANI POST	39
GR	Davos Sertig	HOTEL WALSERHUUS SERTIG	40
GR	Guarda	HOTEL MEISSER	41
GR	Lavin	HOTEL PIZ LINARD	42
GR	Lenzerheide	HOTEL SCHWEIZERHOF	43
GR	Samedan	HOTEL BERNINA	44
GR	Samnaun	HOTEL BÜNDNERHOF	45

HOTELLISTE

GR	Scuol	HOTEL BELVEDERE	46
GR	Sent	HOTEL REZIA	47
GR	Sils-Baselgia	HOTEL CHESA RANDOLINA	48
GR	Sils-Maria	HOTEL PENSIUN PRIVATA	49
		HOTEL SERAINA	50
		HOTEL WALDHAUS	51
GR	St. Moritz	HOTEL EDEN	52
		HOTEL RANDOLINS	53
		HOTEL WALDHAUS AM SEE	54
GR	St. Moritz-Champfèr	HOTEL CHESA GUARDALEJ	55
GR	Tarasp/Sparsels	SCHLOSSHOTEL CHASTÈ	56
GR	Vella	HOTEL GRAVAS	57
GR	Zernez	HOTEL BÄR & POST	58

ZENTRALSCHWEIZ

Kantone Luzern, Ob- und Nidwalden, Schwyz (ohne Region Zürichsee), Uri, Zug

NW	Bürgenstock	BÜRGENSTOCK HOTELS & RESORT	60
NW	Emmetten	HOTEL SEEBLICK	61
OW	Engelberg	HOTEL WALDEGG	62
		RAMADA-TREFF HOTEL REGINA TITLIS	63
		TREFF-HOTEL SONNWENDHOF	64
OW	Flüeli-Ranft	HOTEL PAXMONTANA	65
OW	Giswil	HOTEL LANDHAUS GISWIL	66
NW	Hergiswil	SEEHOTEL BELVEDERE	67
LU	Luzern/Horw	SEEHOTEL STERNEN	68
LU	Luzern/Kastanienbaum	SEEHOTEL KASTANIENBAUM	69
SZ	Merlischachen	SCHLOSS-HOTEL SWISS-CHALET	70
OW	Sarnen	HOTEL KRONE	71
UR	Seelisberg	HOTEL BELLEVUE	72
SZ	Stoos	SPORT- UND SEMINARHOTEL STOOS	73
LU	Vitznau	ARABELLASHERATON VITZNAUERHOF	74
LU	Weggis	HOTEL CENTRAL AM SEE	75
NW	Wolfenschiessen	HOTEL OCHSEN	76
ZG	Zug	SWISSHOTEL ZUG	77

HOTELLISTE

TESSIN – TICINO

TI	Ascona	HOTEL MICHELANGELO	80
		HOTEL RIPOSO	81
TI	Ascona/Porto Ronco	HOTEL LA ROCCA	82
TI	Brissago	PARKHOTEL BRENSCINO	83
		HOTEL MIRTO AL LAGO	84
TI	Caslano/Lugano	ALBERGO GARDENIA	85
TI	Locarno	RAMADA-TREFF HOTEL ARCADIA	86
TI	Locarno/Minusio	ALBERGO GARNI REMORINO	87
TI	Lugano	HOTEL FEDERALE	88
		HOTEL PARCO PARADISO	89
TI	Lugano-Paradiso	PARKHOTEL VILLA NIZZA	90
TI	Lugano/Bissone	HOTEL CAMPIONE	91
TI	Lugano/Cadro	CENTRO CADRO PANORAMICA	92
TI	Lugano/Carona	HOTEL VILLA CARONA	93
TI	Lugano/Gandria	HOTEL MOOSMANN	94
TI	Lugano/Melide	ART DECO HOTEL DEL LAGO	95
TI	Miglieglia	CASA SANTO STEFANO	96
TI	Vacallo/Chiasso	HOTEL-RESTAURANT CONCA BELLA	97
TI	Vira-Gambarogno	HOTEL BELLAVISTA	98

MITTELLAND
Kantone Aarau, Basel, Bern, Solothurn, Freiburg

BL	Arlesheim/Basel	HOTEL GASTHOF ZUM OCHSEN	100
SO	Balsthal	HOTEL KREUZ-KORNHAUS-RÖSSLI	101
BS	Basel	RAMADA PLAZA BASEL	102
AG	Böttstein	SCHLOSS BÖTTSTEIN	103
SO	Kriegstetten	ROMANTIK HOTEL STERNEN	104
BL	Läufelfingen	BAD RAMSACH	105
BE	Lotzwil	LANDGASTHOF BAD GUTENBURG	106
AG	Meisterschwanden	SEEHOTEL DELPHIN	107
		HOTEL SEEROSE CLASSIC & ELEMENTS	108
BE	Schangnau	HOTEL KEMMERIBODEN-BAD	109
SO	Solothurn	ZUNFTHAUS ZU WIRTHEN	110

HOTELLISTE

FR	Ueberstorf	SCHLOSS UEBERSTORF	111
BE	Walkringen	HOTEL RÜTTIHUBELBAD	112
AG	Wildegg	HOTEL AAREHOF	113
AG	Zurzach	PARK HOTEL BAD ZURZACH	114

BERNER OBERLAND

BE	Adelboden	ARENA HOTEL STEINMATTLI	116
		HOTEL BEAU-SITE	117
		RAMADA-TREFF HOTEL REGINA	118
BE	Aeschi	HOTEL AESCHI-PARK	119
BE	Brienz	SEEHOTEL BÄREN BRIENZ	120
		GRANDHOTEL GIESSBACH	121
		HOSTELLERIE LINDENHOF	122
BE	Faulensee	STRANDHOTEL SEEBLICK	123
BE	Grindelwald	HOTEL KIRCHBÜHL	124
		HOTEL KREUZ & POST	125
BE	Gstaad	HOTEL ARC-EN-CIEL	126
		HOTEL LE GRAND CHALET	127
BE	Gstaad-Lauenen	HOTEL ALPENLAND	128
BE	Gunten	PARKHOTEL AM SEE	129
BE	Interlaken	HOTEL ARTOS	130
		HOTEL GOLDEY	131
		HOTEL INTERLAKEN	132
BE	Interlaken/Bönigen	SEEHOTEL LA TERRASSE	133
		HOTEL SEILER AU LAC	134
BE	Interlaken/Iseltwald	KINNERS BELLEVUE	135
BE	Interlaken/Wilderswil	HOTEL ALPENBLICK	136
		HOTEL BÄREN	137
BE	Kandersteg	HOTEL BERNERHOF	138
		HOTEL ERMITAGE	139
BE	Krattigen	HOTEL-RESTAURANT BELLEVUE-BÄREN	140
BE	Lauterbrunnen	HOTEL SILBERHORN	141
BE	Lenk	HOTEL KRONE	142
BE	Meiringen/Hasliberg	PARKHOTEL DU SAUVAGE	143

HOTELLISTE

BE	Mürren	HOTEL ANFI PALACE	144
		HOTEL JUNGFRAU UND HAUS MÖNCH	145
BE	Oberhofen	PARK HOTEL OBERHOFEN	146
BE	Wengen	HOTEL REGINA	147

WALLIS – VALAIS

VS	Bettmeralp	HOTEL ALPFRIEDEN	150
		CHALET-HOTEL BETTMERHOF	151
VS	Blatten-Ried	HOTEL NEST- UND BIETSCHHORN	152
VS	Bürchen	HOTEL BÜRCHNERHOF	153
VS	Crans-Montana	HOTEL DU PARC	154
VS	Leukerbad	HOTEL RESIDENCE PARADIS	155
VS	Verbier	HOTEL AU VIEUX-VALAIS	156
VS	Zermatt	HOTEL BELLAVISTA	157

WESTSCHWEIZ
Kantone Berne, Fribourg, Genève, Neuchâtel, Vaud

BE	Biel/Bienne	RAMADA HOTEL BIEL PLAZA	160
VD	Chexbres	HOTEL DU SIGNAL DE CHEXBRES	161
GE	Genève-Carouge	RAMADA ENCORE GENEVE LA PRAILLE	162
BE	Mont Soleil	AUBERGE L'ASSESSEUR	163
NE	Neuchâtel	HOTEL BEAU-RIVAGE	164
FR	Schwarzsee	SPORTHOTEL PRIMEROSE AU LAC	165
BE	Twann	HOTEL FERIENDORF TWANNBERG	166
FR	Vers-chez-Perrin/Payerne	AUBERGE DE VERS-CHEZ-PERRIN	167

fensterplatz

OSTSCHWEIZ

Appenzell
Glarus
St. Gallen
Thurgau
Schwyz (Region Zürichsee)
Zürich

SG   **ABTWIL/ST. GALLEN** VBSG Linie 7 ab Bhf St. Gallen (Haltestelle vor dem Hotel)
A1, Ausfahrt St.Gallen-Winkeln (Nr. 80)

HOTEL SÄNTISPARK

Wellness, Sport und Shopping in stilvoller Freizeitoase.

9030 Abtwil
(645 m ü. M.)
Tel. 071 313 11 11, Fax 071 313 11 13
www.saentispark.ch
hotel@saentispark.ch
Bruno Walter, Direktion
★★★★ Hotel QQ
72 Zimmer, 144 Betten

Fensterplatz-Spezialangebot:
Sommer-Hit 1.6.–31.8.2004
Übernachtung mit Frühstück, Sport- und Bäderplausch CHF 100.– pro Person/Nacht im DZ (ab 2 Nächten).

Saison
Ganzjährig geöffnet.
Preise
CHF 135.– im DZ, CHF 185.– im EZ
Plausch-Weekend: Pro Person im DZ CHF 115.–, im EZ CHF 165.–, Frühstücksbuffet und freier Eintritt in die Bäderlandschaft (ab 2 Nächten).
Lage
Beim Freizeit- und Einkaufszentrum Säntispark, am westlichen Stadtrand von St. Gallen.
Zimmer
Modernster Komfort in der Ambiance eines Erstklasshotels. Alle Zimmer mit zwei extrabreiten Betten, Bad/Dusche/WC, TV mit integriertem Radio, Telefon mit Modemanschluss, Gästesafe, Minibar.
Küche
Gemütliches Parkrestaurant mit Terrasse. Das exklusive Restaurant «Gourmet» mit gehobener Küche. Lounge-Bar mit Piano-Musik. Täglich grosses Frühstücksbuffet. Leichte und erstklassige Küche, freundlicher, gepflegter Service.
Freizeit/Sport
Freizeitwelt im Säntispark mit Plausch- und Bäderlandschaft, Saunadorf, Spiel- und Sporthalle, Shopping und Golfpark, Kulturangebot in St. Gallen. Ausflüge an den Bodensee und ins Säntisgebiet.
Besonderes
Attraktive Familien- und Feiertagsangebote auf Anfrage.

SG   AMDEN

AWA Ziegelbrücke–Weesen–Amden; Zürich 65 km, Chur 65 km

HOTEL ARVENBÜEL

Wandern und geniessen in archaischer Landschaft – auf dem Sonnenplateau über dem Walensee.

8873 Amden (über dem Walensee)
Tel. 055 611 60 10, Fax 055 611 21 01
www.arvenbuel.ch
info@arvenbuel.ch
Familie André und Silvia Rüedi
★★★ Hotel, 21 Zimmer
Mitglied Silence Hotels Suisse

Fensterplatz-Spezialangebot:
Wochenpauschalen: 6 Übernachtungen inkl.
Halbpension CHF 540.–/660.– pro Person.

Saison
Dezember bis März und Mai bis November.

Preise
CHF 75.–/110.– pro Person/Tag. Einzelzimmerzuschlag CHF 20.– inklusive reichhaltigem Frühstücksbüffet mit hausgemachten Broten. HP + CHF 38.–.

Lage
Arvenbüel liegt hoch über dem Walensee, 4 km oberhalb von Amden, umgeben von herrlicher Alpenwelt, an sehr ruhiger Lage. Super Wandergebiet.

Zimmer
Helle, grosse und komfortable Zimmer mit Dusche/WC, Radio, TV, Telefon, Sitzgruppe, Schreibgelegenheit und Balkon.

Küche
Leichte, gutbürgerliche Küche. Hausgemacht wird gross geschrieben. Es werden nur Frischprodukte verwendet, wenn möglich aus der Region. Täglich vegetarische Gerichte. Eigene Bäckerei.

Freizeit/Sport
Sauna und Solarium im Haus. Billard, Tischtennis und Gartenschach. Im Winter: Skifahren, Snowboarden, Schlitteln, Langlauf. Im Sommer: Wandern, Mountainbiking, Paragliding, Baden, Segeln oder Windsurfen auf dem Walensee – oder ganz einfach die Sonne und Ruhe geniessen inmitten einer herrlichen Natur auf der grosszügig angelegten Sonnenterrasse.

Besonderes
Nur ein paar Schritte vom Hotel entfernt, vermieten wir wochenweise gemütliche 2 ½ bis 4 ½ Zimmer-Ferienwohnungen mit Balkon.

TG   BERLINGEN

SBB Zürich–Weinfelden–Romanshorn, Zürich Flughafen 60 km, Weinfelden 13 km

---

SEEHOTEL KRONENHOF

Das freundliche Hotel direkt am Bodensee – mit unvergesslichem Ausblick auf den See und die Insel Reichenau.

8267 Berlingen (Bodensee-Untersee)
Tel. 052 762 54 00, Fax 052 762 54 81
www.seehotel-kronenhof.ch
info@seehotel-kronenhof.ch
Leitung: Roger Reuss
★★★★ Ferien- und Seminarhotel
47 Zimmer, 94 Betten

Fensterplatz-Wochenend-Angebot (Fr bis Sa):
* Begrüssungsdrink an der Bar oder auf der Seeterrasse
* Zwei Übernachtungen im Zimmer mit herrlichem Seeblick und reichhaltigem Schlemmer-Frühstück
* Zwei romantische Dinner bei Sonnenuntergang oder Kerzenschein
* Entspannung und freie Benützung der Fitness- und Saunaanlage
Im DZ für 2 Nächte CHF 360.– (180.– p. P.)
Im DZ für 1 Nacht CHF 165.– (82.50 p.P.)

Saison
Januar bis Dezember.
Preise
EZ CHF 150.–/CHF 200.–,
DZ CHF 95.–/CHF 130.–, Junior-Suite

CHF 155.–/165.–, pro Person inkl. Frühstücksbuffet. Aufpreis für Halbpension CHF 38.–, für Vollpension CHF 65.–. Spezielle Wochenend-Angebote!
Lage
Zwischen Steckborn und Kreuzlingen, 15 km von Konstanz entfernt. Berlingen ist ein idyllisches, von Rebbergen und bewaldeten Abhängen eingerahmtes Dorf.
Zimmer
Helle und grosszügige Zimmer mit Bad/WC oder Dusche/WC, Minibar, Safe, Telefon, Sat-TV, Bademantel und Haartrockner, die meisten mit Balkon.
Küche
In der kreativen Küche des Kronenhofs werden marktfrische Saisonprodukte bekömmlich und gesund zubereitet. Grosszügige Räumlichkeiten mit Blick auf den See; einzigartige Seeterrasse.
Sport/Erholung
Diverse Wassersportarten (Schwimmen, Rudern, Segeln, Surfen, Wasserski ...), Biking (hoteleigene Fahrräder stehen zur Verfügung), Schiffsausflüge, Wanderungen, individuelle Ausflüge in die kulturell ebenso reiche wie landschaftlich reizvolle Bodensee-Region. Sauna, Solarium und Fitnessraum (mit Physiotherapeuten und Masseuren) im Hause.

GL   BRAUNWALD
BrB Linthal-Braunwald-Bahn, Glarus 15 km, Niederurnen 25 km

HOTEL ALPENBLICK

Das charmante Erlebnishotel mit ökologischer und landschaftlicher Weitsicht.

8784 Braunwald
(autofreier Ferienort auf 1254 m ü. M.)
Tel. 055 643 15 44, Fax 055 643 19 75
www.alpenblick-braunwald.ch
alpenblick@spectraweb.ch
persönlich geführt
durch Familie Gredinger
★★★ Hotel, 54 Zimmer, 90 Betten

*Fensterplatz-Spezialangebot:
Ihr Zimmer mit Balkon und mega Aussicht ganzjährig für CHF 90.–
Übernachtung und Frühstück (exkl. Weihnacht/Neujahr und Februar).*

Saison
Ganzjährig geöffnet.
Preise
Winter: EZ CHF 125.–/160.–;
DZ CHF 110.–/145.–,
Sommer: EZ CHF 120.–/130.–;
DZ CHF 105.–/115.– pro Person. Preise inkl. Frühstücksbuffet und 4-Gang-Abendessen. Attraktive Pauschalangebote.
Lage

Im Dorfkern des autofreien Ferienortes, gleich neben der Bergstation der Braunwaldbahn. Wunderbare Panoramasicht ins Tal, auf die Glarner Alpen und zum Hausberg, dem Ortstock.
Zimmer
Alle Zimmer mit Dusche/WC oder Bad/WC, Telefon, Haartrockner, TV, Radio und Minibar. Mehr als die Hälfte haben einen Balkon. Lift. Neu: Zugang ins Internet sowie ins firmeneigene Intranet im ganzen Haus (Public W-LAN).
Küche
Reichhaltiges Frühstücksbuffet, am Abend 4-Gang-Menü, wahlweise Vollwertkost oder Spezialitätenbuffet. A-la-carte-Restaurant mit vielseitigem Angebot, neu: Pizzaofen.
Freizeit/Sport
Tischtennis, Tischfussball und Billard im Hotelgarten. Braunwald ist im Sommer ein Paradies für Wanderer (Routen für alle Ansprüche) und für Kletterer (u. a. Klettergarten und drei Klettersteige), Mountain-Biking und Hang-Gliding. NEU: hoteleigener Klettersteig- und Wanderführer. Im Winter ideale Verhältnisse für Ski, Snowboard, Langlauf, Schlitteln, Winter- und Schneeschuhwandern.
Besonderes
Braunwald hat das seltene Glück, den Bauboom und das Betonzeitalter verpasst zu haben: Alles ist hier klein geblieben, gewinnt jedoch dadurch an besonderem Charme. Für Kinder ist der autofreie Ort ein einziger grosser Spielplatz.

GL   **BRAUNWALD**

BrB Linthal-Braunwald-Bahn; Glarus 15 km, Rapperswil 50 km

HOTEL CRISTAL

Alpenglühen, kristallklare Bergluft, Geborgenheit – nur drei Stichworte von vielen...!

8784 Braunwald
(autofreies Dorf, 1254 m ü. M.)
Tel. 055 643 10 45, Fax 055 643 12 44
www.hotel-cristal.ch
info@hotel-cristal.ch
Leitung: Familie H. und M. Schilling
★★★ Kleinhotel mit 40 Betten

*Fensterplatz-Spezialangebot:
Im Juni und September:
Südzimmer inkl. Halbpension,
pro Person CHF 95.–.*

Saison
Mai bis Oktober und Dezember bis April.
Preise
Preise inkl. Halbpension: CHF 95.–/125.–, je nach Saison und Aufenthaltsdauer. Familien-/Senioren- und Wochenarrangements auf Anfrage.
Lage
Sehr idyllisch und ruhig gelegen, inmitten eines herrlichen Wander- und Skigebiets, in reiner und abgasfreier Luft.
Zimmer
Komfortabel, ruhig, mit herrlicher Aussicht. Eltern-Kinder-Zimmer, Appartements. Gemütlicher Aufenthaltsraum.
Küche
Ausgezeichnete, leichte Küche mit vielen Frischprodukten. Die Mahlzeiten werden im gediegenen rauchfreien Speisesaal, im Restaurant oder auf der sonnigen Aussichtsterrasse serviert.
Sport/Freizeit
Im Winter ist Braunwald ein einmalig schönes Skigebiet (Bahnen und Skischule befinden sich unmittelbar neben dem Hotel); im Sommer finden Sie eine unberührte Alpenlandschaft vor, die sich für eine Vielzahl von Spaziergängen und Wanderungen anbietet.
Besonderes
Braunwald eignet sich für abenteuerlustige Familien ebenso gut wie für ruhesuchende Individualisten. Das «Cristal» ist optimal für Weekendaufenthalte und Ferien zu jeder Jahreszeit.

SG   **BRONSCHHOFEN/WIL**
MThB Wil–Weinfelden, Zürich 57 km

HOTEL-RESTAURANT BURGHALDE

Stilgerecht «bieder» logieren und kulinarisch hoch fliegen im 300-jährigen Biedermeierhaus.

9552 Bronschhofen
Hauptstrasse 24 (563 m ü. M.)
Tel. 071 911 51 08, Fax 071 911 51 76
www.restaurant-burghalde.ch
info@restaurant-burghalde.ch
Elisabeth Mayer, Besitzerin
Charmantes ★★ Haus im Biedermeierstil, 6 Zimmer, 1 Junior-Suite, 14 Betten

*Fensterplatz-Spezialangebot:
Übernachtung im Doppelzimmer,
inkl. Frühstück, CHF 100.– pro Person.*

Saison
Ganzjährig geöffnet; Restaurant am Sonntag geschlossen (nach Vereinbarung für Gruppen ab 12 Personen geöffnet).

Preise
Zimmer in Einzelbenützung CHF 140.–, für 2 Personen CHF 200.–, Junior-Suite «Emile» CHF 160.–/260.–, inkl. Frühstück. Reduktion für mehrere Nächte.

Lage
Charmantes, stilgerecht restauriertes Haus, 1.5 km von der Stadtmitte Wil entfernt in Parkanlage mit alter Allee.

Zimmer
Gepflegte Doppelzimmer im original Biedermeierstil mit Dusche (Junior-Suite «Emile» mit Bad), WC, Telefon, Radiowecker, TV, Internet-Anschluss und Minibar.

Küche
Ausgezeichnete, weitherum bekannte marktfrische Küche, auch Fisch- und Vegi-Feinschmecker-Menüs. Biedermeierstube, im Sommer verwunschene Terrasse im Grünen.

Sport/Erholung
Die reizvolle Landschaft lädt ein zu Spaziergängen und Wanderungen; Ausflüge in die nahe Kartause von Ittingen, zur Insel Mainau, in die Klosterkirche Fischingen u.v.m. Golf in der nahegelegenen Golfanlage Niederbüren.

Besonderes
Eine Besonderheit ist die grosse Müllerstube mit Konzertflügel, die sich für festliche Anlässe ebenso eignet wie für Seminare.

SG   **DEGERSHEIM**
SOB Rapperswil–Degersheim–St.Gallen, Herisau 9 km, Zürich 83 km

HOTEL WOLFENSBERG

Schöne Aussichten: Blick von der sonnigen Krete über das Alpsteinmassiv, die sanften Hügel des Toggenburgs und Appenzellerlands bis weit über den Bodensee...

9113 Degersheim
(Toggenburg, 900 m ü. M.)
Tel. 071 370 02 02, Fax 071 370 02 04
www.wolfensberg.ch
info@wolfensberg.ch
Familien Senn
★★★ Hotel, 28 Zimmer, 40 Betten

*Fensterplatz-Spezialangebot:
Übernachtung im DZ mit
Frühstück ab CHF 84.– bis
CHF 93.– pro Person.*

Saison
Ganzjährig geöffnet.
Preise
Doppelzimmer CHF 168.–/186.–,
Einzelzimmer CHF 98.–/115.–
je nach Ausstattung und Lage,
inkl. Frühstück. Mehrbett-
zimmer für Familien, Kinder im
Zimmer der Eltern bis 6 Jahre gratis. HP/VP auf Anfrage.
Lage
Idyllische Lage oberhalb des schmucken Toggenburgerdorfes, umgeben von Wäldern und eigener Parkanlage und Biotop.
Zimmer
Grosszügige und behagliche Zimmer mit Bad/Dusche, WC, Radio, TV, Telefon, teilweise mit Balkon und Sitzecke.
Küche
Vorzügliche Küche, die auf frische, saisonale und regionale Produkte Wert legt. Vegetarische Gerichte.
Sport/Freizeit
Sauna, Solarium und Fitnessraum im Haus. Tennisplätze, Hallen- und Freibad im Dorf, Golfplatz 15 km. Drei Skilifte, Schlittelbahn und gespurte Langlaufloipen im Winter. Gut ausgebautes Spazier- und Wanderwegnetz. Speziell sehenswert: Kloster Magdenau.
Besonderes
Gepflegtes Haus mit freundlicher, familiärer Atmosphäre. Hausbibliothek. Bestens geeignet auch für Familienfeste und Feiern, Seminare und Tagungen usw.

TG   **FELBEN-WELLHAUSEN**
SBB Weinfelden–Felben–Frauenfeld, Winterthur 23 km, Frauenfeld 4,5 km

LANDGASTHOF SCHWANEN

Eine Adresse für Geniesser in Stadtnähe und zugleich in einer der lieblichsten Landschaften der Ostschweiz.

8552 Felben-Wellhausen
Weinfelderstrasse 14 (430 m ü. M.)
Tel. 052 766 02 22
Fax 052 766 02 23
www.landgasthof-schwanen.ch
info@landgasthof-schwanen.ch
Familie Christine und Walter Läubli
Hotel, 22 Zimmer, 46 Betten

Fensterplatz-Spezialangebot:
«Wellness in privatem Rahmen»:
Zimmer mit eigenem Whirlpool oder
einer gläsernen Badewanne.
Romantische Nacht – Ruhe – Erholung!
Zimmer/Frühstück pro Person CHF 100.–.

Saison
Ganzjährig täglich geöffnet.
Preise
Einzelzimmer CHF 98.–/108.–,
Doppelzimmer CHF 150.–/200.–.
Reichhaltiges Frühstücksbuffet inbegriffen.
Lage
Ruhige Lage unmittelbar vor den Toren Frauenfelds.
Zimmer
Modernst eingerichtete, helle Zimmer im geschichtsträchtigen Landgasthof, alle mit Dusche/Bad, WC, Sat-TV. Eine Besonderheit sind die originell gestalteten Städte-Themenzimmer wie «Berlin», «Paris», «Florenz», «Helsinki» usw. Erholung in diversen Spezial-Bädern.

Küche
Bekannt für eine vorzügliche, marktfrische Küche, in der nach Möglichkeit alles frisch und selbst zubereitet wird. Spezialitäten: Hausgemachte Teigwaren. Schöne Gartenterrasse, in der man im Sommer gerne mal etwas länger sitzen bleibt und sich verwöhnen lässt.

Sport/Erholung
Das Thurgau und seine Reize per Rad entdecken (Velovermietung auf dem Hotel-Areal). Einen Besuch wert ist auch der Plättli-Zoo. Altstadtführungen in Frauenfeld.

SZ   **FEUSISBERG**
SBB Pfäffikon (SZ) 6 km, Abholservice vom Hotel

PANORAMA RESORT & SPA

Schönstgelegener Spa der Schweiz mit fantastischer Aussicht über den Zürichsee und die Berge. Vielfältige Wellnesslandschaft auf über 2000 m² mit professioneller Betreuung im Beauty-, Massage- und Sportcentrum.

8835 Feusisberg, Schönfelsstrasse 1 (698 m ü. M.)
Tel. 01 786 00 00, Fax 01 786 00 99
www.panoramaresort.ch
reservation@panoramaresort.ch
Familie Rüegg, Besitzer
★★★★ Haus
116 Zimmer, 206 Betten

*Fensterplatz-Spezialangebot:
Garantierter «Fensterplatz» zum Nachtessen im Gourmet-Restaurant mit überwältigender Aussicht über den Zürichsee.*

Saison
Ganzjährig geöffnet.
Preise
Übernachtung inklusive Champagner-Frühstücksbuffet und uneingeschränkte Benützung der vielfältigen Wellness Infrastruktur.
CHF 180.– im Superiorzimmer, CHF 260.– in der Junior-Suite (Doppelzimmer, pro Person und Nacht).
Lage
Fantastische Panorama-Sicht über den Zürichsee und die Berge. Nur 30 Minuten von Zürich entfernt.
Zimmer
Die 116 Zimmer, alle mit Panoramablick, lassen keine Wünsche offen. Die grosszügigen und modernen Junior-Suiten sind vollständig verglast zur Seeseite und haben direkten Zugang zum Spa.
Küche
In der Gourmetküche sind alle Speisen saisongerecht und hausgemacht. Auswahl an vegetarischen und gesundheitsorientierten Speisen.
Sport/Erholung
Der Akari Spa bietet auf über 2000 m² eine vielfältige Bäder- und Erlebniswelt: Innen- und Aussenpool, Sprudelbäder, Saunen und Dampfbäder, Fusssprudelbecken, Kneippbach, Ruheliegen, Sport- und Fitnesscenter. Professionelle Betreuung in den Bereichen Kosmetik, Massagen und Therapien.

AR **HERISAU**
SZ Gossau–Herisau oder Rapperswil–Herisau, St. Gallen 11 km, Zürich 80 km

HOTEL HERISAU

Komfortabler Ausgangspunkt für erholsame Auszeiten oder idealer Zwischenhalt auf Velotouren und Reisen.

9100 Herisau
(Appenzell, 780 m ü. M.)
Tel. 071 354 83 83
Fax 071 354 83 80
www.hotelherisau.ch
info@hotelherisau.ch
André Pierre Clavien
★★★ Hotel, 33 Zimmer, 66 Betten

Fensterplatz-Spezialangebot: Übernachtung im Doppelzimmer mit Appenzeller-Frühstücksbuffet CHF 100.– pro Person – jeweils Freitagabend bis Montagmorgen.

Saison
Ganzjährig geöffnet.

Preise
Übernachtung ohne Frühstück im Einzelzimmer CHF 125.–, im Doppelzimmer CHF 200.–. Inbegriffen sind die Benutzung von Whirlpool, Sauna und Medical-Fitness-Zentrum.

Lage
5 Minuten ab Dorfzentrum sowie Bahnhof Herisau. Der Hauptort des Kantons Appenzell-Ausserrhoden ist ein entdeckenswerter, gastfreundlicher Ort in einer der schönsten Landschaften der Schweiz.

Zimmer
Moderne, grosszügige Zimmer mit Dusche, WC, Haartrockner, Bademantel, Safe, Minibar, Radio, TV, Telefon, Fax- und Internet-Anschluss. Nichtraucherzimmer. Einige Zimmer sowie alle allgemeinen Räume sind rollstuhlgängig.

Küche
Hochstehende, kreative Kulinarik im Restaurant «Wiesental» oder in der gediegenen Robert Walser Stube. Gemütliche, blumenreiche Gartenterrasse. Erlesene Walliser Weine, mehrheitlich im Offenausschank erhältlich. Den erlebnisreichen Tag rundet man ab mit einem Besuch in der Bar «Le petit coin».

Sport/Erholung
Im Hotel: Sauna, Medical-Fitness-Zentrum, Whirlpool. Ausflüge und Wanderungen im Appenzellerland, welches bekannt ist durch seinen unvergeichlichen Charme.

TG HORN
SBB (Zürich–)Romanshorn–Rorschach, Rorschach 3 km, Zürich 90 km

HOTEL BAD HORN

Das gepflegte Nautik-Hotel direkt am Bodensee-Südufer, wo selbst die Wellen gerne anlegen.

9326 Horn, Seestrasse 36
(am Bodensee, 403 m ü. M.)
Tel. 071 841 55 11, Fax 071 841 60 89
www.badhorn.ch
badhorn@paus.ch
Leitung: Urs Hatt
★★★★ Hotel
mit einzigartig maritimem Glanz
60 Zimmer, 116 Betten

Fensterplatz-Spezialangebot: Seeseitig pur im Doppelzimmer CHF 100.– pro Person, inkl. «Swiss Zmorge»-Buffet.

Saison
Ganzjährig geöffnet.
Preise
EZ CHF 115.–/280.–,
DZ CHF 180.–/400.–,
inkl. Frühstücksbuffet.
Lage
Traumhaft schöne Lage in romantischem Hotelgarten am Bodensee-Südufer. Eigener Hafen mit 15 Liegeplätzen sowie Anlegepier für Sonder-

kursschiffe. Parkhaus und Parkplätze für 160 Personenwagen.
Zimmer
Durchwegs in stilvollem Maritim-Look und mit allem Komfort eingerichtet: Bad/WC oder Dusche/WC, Telefon, Radio/TV, Minibar, Minisafe und Haartrockner.
Küche
Die diversen Restaurants bieten eine Vielfalt von Spezialitäten – dem Gast bleibt die Qual der Wahl. Bei schönem Wetter wird er auf der «Palmen-Seeterrasse» verwöhnt. Zwei Bars und Hotel-Yacht «Emily» für max. 60 Personen sorgen für stimmungsvolle Abwechslung.
Sport/Erholung
Eigener Privatstrand. Sauna, Türkisches Bad, Solarium, Liegeraum, Fitness-Corner und Sonnenterrasse befinden sich im Haus. Verschiedenste Wassersportarten: Schwimmen, Segeln, Rudern, Surfen, Wasserskifahren usw.; Spazieren und Wandern, Radfahren.
Besonderes
Spezialangebote in Verbindung mit den Bregenzer Festspielen (Arrangement im Hotel buchbar: Gute Plätze sowie Hin- und Rückfahrt mit hauseigenem Schiff).

TG   **HÜTTWILEN**
Autobahnausfahrt Frauenfeld West, Zürich 45 km, Frauenfeld 10 km

---

SCHLOSSHOTEL STEINEGG

Erleben Sie im Schlosshotel Steinegg die positive Kraft des Fastens, das einzigartige Erlebnis von Regeneration und Entspannung, die Konzentration auf das eigene Wohlbefinden, fern von den täglichen Belastungen des Alltags.

8536 Hüttwilen
Tel. 052 748 27 27, Fax 052 748 27 28
www.schlosshotel-steinegg.ch
info@schlosshotel-steinegg.ch
Tom Stüdli, Direktor

Fensterplatz-Spezialangebot:
Fasten-Einsteiger-Programm: Eine Woche Regeneration, Entgiftung und Gewichtsreduktion alles inklusive: CHF 714.– im EZ oder CHF 910.– pro Person im DZ.

Saison
Anfang Januar bis Mitte Dezember geöffnet.
Preise
EZ CHF 98.–/285.–,
DZ CHF 124.–/285.–
je nach Grösse und Ausstattung.
Lage/Geschichte
In herrlicher Landschaft auf der sonnigen Hügelflanke des Bodensees gelegen, bietet das Schloss aus dem 9. Jahrhundert einen traumhaften Rahmen für Fasten- und Vitalferien. Seit über 100 Jahren wird in der stimmungsvollen Schlossatmosphäre im thurgauischen Hüttwilen gefastet.
Zimmer
43 stilvoll renovierte Räume vom einfachen Zimmer bis zur herrlichen Suite oder dem efeubewachsenen Schlossturm stehen den Gästen zur Auswahl.
Küche
Während der 7–10-tägigen Fastenkur werden verschiedenste Kräutertees, leichte Suppen und frisch zubereitete Gemüsesäfte angeboten. Eine gesunde Alternative zum Fasten stellt die vegetarische Kost mit Fisch dar, wobei unser Küchenchef möglichst saisongerechte, sonnengereifte und vollwertige Lebensmittel verwendet.
Sport/Erholung
Die Gäste können auf Schloss Steinegg von einem breiten Angebot profitieren: Tägliches Power-Walking, Gymnastik und Fitness, diverse Bäder und Massagen sowie ein umfangreiches Beauty-Angebot. Physiotherapien und verschiedene Intuitiv-Therapien bilden einen weiteren Teil der Angebotspalette. Ergänzend werden Meditation, Yoga, Tai Ji-Qi Gong und Atemtraining angeboten.

SZ   **LACHEN**

SBB Zürich–Chur, A3 Ausfahrt Lachen, Zürich 35 km, Luzern 60 km

HOTEL AL PORTO

Lebensfreude, Gastfreundschaft und kulinarischer Genuss in italienischem Design – mit einzigartigem Ausblick auf den Oberen Zürichsee.

8853 Lachen, Hafenstrasse 4
(Zürichsee, 416 m ü. M.)
Tel. 055 451 73 73, Fax 055 451 73 74
www.alporto.com
welcome@alporto.com
Sven Weber
Designhotel mit 5 Juniorsuiten und 12 Designrooms

Fensterplatz-Spezialangebot:
SLOWDOWN – Kurzurlaub am Lago di Zurigo
1 Nacht. Junior-Suite mit Seesicht und Terrazza,
Champagner im Zimmer, Ankunfts-Apéro,
5-Gang-Menu Surprise, Prosecco-Frühstück.
CHF 250.– pro Person (Fr–Sa oder Sa–So).

Saison
Ganzjährig geöffnet.
Preise
Designrooms: CHF 240.–/260.–; Junior-Suiten: CHF 330.–/390.–, inklusive à-la-carte-Frühstück.
Lage
Direkt am südlichst gelegenen Hafen des Zürichsees, nur wenige Meter neben der Kursschiffstation, 10 Minuten vom Flugplatz Wangen-Lachen (Hoteltaxi). 25 Minuten ab Zürich.
Zimmer
Wohnen in Design-Rooms von Stardesigner Piero Lissoni, in exklusiv für das «al porto» hergestellten Möbeln von Giulio Cappellini. Mit jeglichem Komfort, einige mit Balkon/Terrasse). Bang & Olufsen Ton- und Bildwelt sowie ISDN-Anschluss in allen Zimmern.
Küche
Italien orientierte Küche. Ristorante mit Showküche, Trattoria und Bar, grosse Terrasse, Open-air Lounge im Sommer.
Sport/Erholung
Schwimmen, Segeln, gemütliche Spazierwege und ausgiebige Höhenwanderungen, Biken, Skaten, 9-hole-Golfpark «Nuolen» bei Wangen.
Besonderes
Ideal für Bankette, Partys und Seminare (bis 120 Personen). Junges, aufgeschlossenes Team aus Herzblutgastronomen.

ZH PFÄFFIKON
SBB, PTT Uster–Pfäffikon, Zürich 30 km

LANDHOTEL SEEROSE

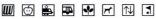

Romantische Sonnenuntergänge und schneebedeckte Bergketten über leise schaukelnden, bunten Booten sind hier erst der Anfang der Attraktionen ...

8330 Pfäffikon ZH, Usterstrasse 39
Tel. 044 952 30 00, Fax 044 952 30 01
www.hotel-seerose.ch
hotel@hotel-seerose.ch
Mario Bühler, Direktion
Landgasthof SHV
14 Zimmer, 28 Betten

Fensterplatz-Spezialangebot: Weekend-Übernachtung im DZ (Fr, Sa, So) CHF 90.– pro Person, inkl. Frühstücksbuffet.

Saison
Ganzjährig geöffnet.
Preise
EZ CHF 160.–, DZ CHF 240.–,
mit Seesicht Aufpreis von CHF 10.–,
Frühstücksbuffet inbegriffen.
Lage
Einmalig idyllische Lage mitten im Erholungsgebiet direkt am Pfäffikersee, 5 Gehminuten vom Bahnhof Pfäffikon entfernt.
Zimmer
Gemütlich eingerichtete Gästezimmer mit Bad/WC oder Dusche/WC, TV, Telefon, Weckruf, Haartrockner, Minibar, mehrheitlich mit Seesicht.
Küche
Vielseitige, saisongerechte A-la-carte-Köstlichkeiten, feine Fisch- und Holzofenspezialitäten (u.a. «Flammechüeche»). Vollwertmenüs und vegetarische Gerichte. Verschiedene Restaurants und Säle; wunderschöne Seeterrasse.
Freizeit/Kultur
Spazierwege entlang der einmaligen Uferlandschaft des Pfäffikersees. Squash- und Tennis-Center, Bootsmiete, Strandbad in unmittelbarer Nähe.
Besonderes
Ein Kinderspielplatz, der alle Wünsche erfüllt.

SG   **RORSCHACHERBERG**
Bus ab Rorschach/Staad, Rorschach 1.5 km, St. Gallen 16 km

SCHLOSS WARTEGG

Ästhetik und traditionelle Materialien, Wind und Wasser, Park und Baumriesen. Lebensqualität – auch in der Frischküche umgesetzt.

9404 Rorschacherberg
Tel. 071 858 62 62, Fax 071 858 62 60
http://wartegg.ch
schloss@wartegg.ch
Hans Jakob Würsch, Hotelier
Unique (★★★)
27 Zimmer, 45 Betten, 1998 eröffnet

Fensterplatz-Spezialangebot:
Freitag- oder Sonntag-Nacht, 1 Übernachtung
mit Frühstück inkl. 1 Stunde Bad und Sauna.
Pro Person CHF 100.–. März bis August 2004.

Saison
Ganzjährig geöffnet.
Preise
EZ CHF 100.–/130.–, DZ CHF 140.–/205.–.
Übernachtung Sa/So (nur eine Nacht):
zusätzlich CHF 10.– pro Person.
Lage
Inmitten eines einmaligen historischen Parks gelegen (9 Hektar). Mit dem Auto zu erreichen über A1, St. Gallen/St. Margrethen, Ausfahrt Rheineck, Richtung Rorschach bis Ortsende Staad. Mit den öffentlichen Vekehrsmitteln stündlich ab Zürich, Bahnhof Staad.
Zimmer
Dusche/WC, teils auch Bad. Rauchfrei. Telefon. Familienzimmer-Suiten, z. T. Futon und Tatami. Stimmungsvolle Textilien, Massivholz geölt, schlicht und elegant. Hüsler-Naturbetten.
Küche
Exquisite Saison-Frischküche (Bio-Knospe zertifiziert) mit Schwergewicht auf regionalen Produkten, teils aus eigenem Garten, wesentliche vegetarische Akzente. Ausgewählte Weine, Tees und Säfte.

Sport/Freizeit
See, Schwimmen, Segeln; Wandern im Appenzellerland, Rheintaler Höhenweg, eigene Miet-Fahrräder und Mobility-Kombi; Mini-Golf und Tennis in Rorschach. Golfplatz Erlen TG 24 km entfernt. Thermalbäder St. Margrethen und Unterrechstein (Heiden).
Besonderes
Eigener biologischer Kräuter- und Gemüsegarten. Historisches Bad mit Sauna. Profilierte Schlosskonzert-Reihe. Zu Fuss 5 Minuten zu öffentlichem Badeplatz am See, nahe am Rheindelta-Naturschutzgebiet.

AR **SPEICHER**
TB St. Gallen–Speicher Trogen, St. Gallen 8 km

HOTEL APPENZELLERHOF

Ganzheitliche Verwöhnkunst in einer der schönsten Appenzeller Gaststuben.

9042 Speicher (Appenzell, 950 m ü. M.)
Tel. 071 344 13 21, Fax 071 344 10 38
www.appenzellerhof.ch
info@appenzellerhof.ch
Familie Laure und Herbert Sidler
Traditionsreiches Hotel-Restaurant
33 Betten; Idyll Hotels Schweiz

*Fensterplatz-Spezialangebot:
Übernachtung im DZ CHF 85.–/100.–
inkl. Frühstücksbuffet.*

Saison
Ganzjährig geöffnet.
Preise
EZ CHF 100.–/110.–, DZ CHF 170.–/200.–, Familienzimmer (2 Zi/4 B)
CHF 250.–/300.–. «Rundum gesund»-Frühstücksbuffet inbegriffen.
HP CHF 35.–, VP CHF 65.–. Verschiedene Pauschal- und Kurangebote auf Anfrage.
Lage
Im Zentrum des Dorfes, welches in die typisch voralpin hügelige Landschaft zwischen Bodensee und Alpsteinmassiv eingebettet ist. 250 m vom Bahnhof.

Zimmer
Das historische Gasthaus verfügt über
19 gemütliche, mit modernstem Komfort ausgestattete Zimmer. Bad/Dusche, WC, Haartrockner, TV, Radio, Telefon, Safe.
Küche
Mehrfach ausgezeichnete Bio-Knospen-Küche mit ausgewogenen Spezialitäten aus vorwiegend regionalem Anbau.
Sport/Erholung
Gesundheitsangebot im Haus: Ayurveda mit bestausgebildeten Therapeuten, Entschlackungs-, Entspannungs- und Rheumakuren. Dem Zauber der ruhevollen Landschaft erliegt am ehesten, wer zu Fuss unterwegs ist. Diverse Ausflugsmöglichkeiten: Museen, Schaukäsereien, Themenwanderwege; Kultur in St. Gallen.
Besonderes
SMART und Velos mit elektrischem Hilfsmotor (hügelige Landschaft!) stehen zur Verfügung.

AR WALD-SCHÖNENGRUND
PTT Herisau–Schönengrund, St. Gallen 20 km, Wil 30 km

HOTEL & RESTAURANT CHÄSEREN

Neue Horizonte: Die atemberaubende Schönheit der aufgehenden Sonne taucht die Kreten und die Herzen der Gegend in Gold.

9105 Wald-Schönengrund
(Appenzellerland, 960 m ü. M.)
Tel. 071 361 17 51, Fax 071 361 17 59
www.chaeseren.ch
chaeseren@chaeseren.ch
Geschäftsführerin: Anna-Maria Macher
★★★ Hotel im Appenzellerstil
19 Zimmer, 35 Betten

*Fensterplatz-Spezialangebot:
Übernachtung im Doppelzimmer,
inkl. Frühstücksbuffet, CHF 90.–
pro Person.*

Saison
Januar bis Dezember geöffnet. Reservation erbeten.
Preise
EZ CHF 130.–, DZ CHF 180.–, inklusive Frühstücksbuffet. HP CHF 28.–, VP CHF 45.–.
Lage
Auf einer sonnigen Krete, abseits des Verkehrs, in einer malerischen Hügellandschaft mit einmaligem Blick auf das Säntismassiv und die Glarner Alpen. 3 Minuten vom Dorfzentrum entfernt.
Zimmer
Liebevoll eingerichtete Zimmer im rustikalen Appenzeller Stil. Alle mit Dusche/WC, Haartrockner, TV, Radiowecker, Telefon, Internet-Anschluss, Safe und Minibar.
Küche
Neuzeitliche, abwechslungsreiche regionale und internationale Küche.

Sport/Erholung
Mountainbikes, unvergessliche Tal- und Berg-Wanderwege direkt vor dem Haus; diverse Themenwanderwege, Golfplatz und Bergbahnen in nächster Nähe. Im Winter verschiedene kleinere, aber umso beliebtere Skigebiete und schöne Winterwanderwege.
Besonderes
Stimmungsvolle Seminarräume mit Internet-Anschluss und guter Infrastruktur für maximal 24 Personen.

SG WILDHAUS

SBB Zürich/St. Gallen–Nesslau, Bus ab Nesslau; Zürich 100 km, Bern 220 km

HOTEL STUMP'S «ALPENROSE» AM SCHWENDISEE

9658 Wildhaus
(Obertoggenburg, 1200 m ü. M.)
Tel. 071 998 52 52, Fax 071 998 52 53
www.stumps-alpenrose.ch
info@stumps-alpenrose.ch
Gebrüder Birger und Roland Stump
★★★★ Hotel, 47 Zimmer, 100 Betten
5 behindertengerechte Zimmer,
davon 3 rollstuhlgängig

Ansteckende Fröhlichkeit und von Herzen kommende Gastfreundschaft im Ferienparadies am Schwendisee.

Fensterplatz-Spezialangebot:
Vom 3. Juli – 29. August 2004: 20 Jahre
4. Generation Stump! Übernachtung mit
Frühstücksbuffet zu CHF 95.– Nacht/Person.

Saison
365 Tage offen.
Preise
Zimmer/Frühstück CHF 147.–, HP CHF 187.–, VP CHF 214.–. Reduktion DZ CHF 17.–.
Lage
Ruhige, idyllische Lage auf einem sonnigen Hochplateau in ursprünglicher Landschaft beim Schwendisee.
Zimmer
Alle Zimmer mit Bad/Dusche, separates WC im Zimmer, Telefon mit Lab-Top-Anschluss, Radio, TV, Minibar, Balkon gegen Süden mit Blick auf den Säntis. 11 Nichtraucher-Zimmer mit Samina-Gesundheitsschlaf-System.
Küche
Gilden- und Culinarium-Küche. Frischküche mit regionalen Produkten.

«Hausgebachenes Frühstücksbuffet» und 4-Gang-Abendessen mit je einem Geniesser- und einem Vitalmenu, stets vegetarische Auswahl.
Fitness/Freizeit
Fitness-Center mit neu eingerichtetem Kraftraum, «Berghütten»-Sauna, Whirlpool, Dampfbad, Solarium, Massage, Kneipp-Bad, Pool-Billard, Tischfussball, Gartenschach, Tischtennis. Ski alpin und Langlauf direkt ab Hotel. Parkanlage mit Kneipp-Anlagen und lauschigem Bächlein. Mountainbiking, Jogging am See. In- und Outdoor-Tennis, Reiten. Das grösste Wanderparadies der Ostschweiz liegt direkt vor der Haustür.
Besonderes
Die Kombination von traditionsreichem Familienbetrieb und modernem Hotelangebot bürgt für eine flexible, individuelle Betreuung. Für Kinder spezielle Ermässigungen, Wildy-Kinderferienprogramm, Streichelzoo.

fensterplatz

GRAUBÜNDEN

GR   **AROSA**
RhB Chur–Landquart, Chur 30 km, Zürich 140 km

BELAROSA HOTEL

Das ungezwungene, familiäre Suitenhotel bietet beste Voraussetzungen für Erholung, Entspannung und Wohlbefinden.

7050 Arosa
(Schanfigg, 1800 m ü. M.)
Tel. 081 378 89 99, Fax 081 378 89 89
www.belarosa.ch
hotel@belarosa.ch
Gastgeber: Familie R. Kupfer
Ihr ★★★★ Suiten- und Wellnesshotel, 16 Suiten, 6 Zimmer

*Fensterplatz-Spezialangebot:
Übernachtung im Wohnschlafzimmer mit Balkon CHF 95.– p. P. inkl. Frühstück und Benützung von Wellness- und Fitnessanlage.
Gültig: 18.6. bis 19.9.2004, Anreise So bis Do.*

Saison
Mitte Juni bis Ende September, Anfang Dezember bis Ostern.

Preise
Suiten im Sommer ab CHF 140.–; im Winter ab CHF 250.– pro Person; inbegriffen sind reichhaltiges Frühstücksbuffet sowie die Benutzung von Wellness- & Fitnessanlage.

Lage
Zentrale, aber dennoch ruhige Lage.

Zimmer
In den grosszügigen Suiten (45–77 m^2) und Zimmern (32 m^2) mit einer warmen Ausstrahlung wohnen Sie wie zu Hause. Balkon mit grandioser Aussicht inbegriffen. Sämtliche Suiten verfügen über Kachelofen, Kochnische, Kühlschrank, TV/Radio, Modemanschluss und Schreibtisch.

Küche
Das BelArosa ist ein reines Garni-Hotel. In unmittelbarer Nähe befinden sich einige ausgezeichnete Restaurants; kompetente Beratung und Reservationen übernimmt die Reception.

Freizeit/Kultur
Schwitzhütte (100 °C), Kräutersauna (60 °C), Eichhörnchen-Dampfbad, Erlebnisduschen, Eisgrotte, Cleopatra- und Kaiserbad, Fitnessraum. Nach Terminabsprache Massagen, Kosmetikbehandlungen, Soft-Pack, Maniküre, Pediküre, Cranio Sacral, Kinesiologie etc.
Im Sommer: Höchster 18-Loch Golfplatz Europas, Tennisplätze, umfangreiches Wandernetz, Reiten, Downhill-Mountain-Bike-Touren, Pedaloboote, Strandbad. Im Winter: Skifahren, Langlaufloipe, Schlittel- & Wanderwege, Natur-& Kunsteisbahn, Schneeschuhwandern.

GR   BREIL/BRIGELS

PTT Tavanasa–Breil/Brigels, Chur 50 km

HOTEL CRESTAS

Helles, gemütliches Ferienhotel mit viel Komfort – attraktiv für Einzelgäste sowie Familien und Gruppen.

7165 Breil/Brigels (1290 m ü. M.)
Tel. 081 941 11 31
Fax 081 941 21 71
www.crestas.ch
hotel@crestas.ch
Risch und Renate Casanova
★★★ Hotel
25 Zimmer, 62 Betten

*Fensterplatz-Spezialangebot:
Ob Vor- oder Hochsaison: Bei uns logieren Sie immer komfortabel ab CHF 61.– bis CHF 97.–.
Frühstücksbuffet inbegriffen.*

Saison
Geöffnet Mai bis Oktober, Dezember bis April.
Preise
Sommer: DZ CHF 61.–/69.–; Winter: DZ CHF 83.–/97.–. Preise pro Person und Nacht, Frühstücksbuffet inbegriffen. HP ab 3 Nächten CHF 24.– Galeriezimmer für Familien.
Zimmer
In der Depandance CRESTAS im Sommer ab CHF 39.–, im Winter ab CHF 53.–.
Lage
In ruhiger Umgebung auf einer sanften Anhöhe im südlichen Teil von Brigels gelegen, mit unverbauter Aussicht auf die Bergwelt des Bündner Oberlandes, auf Wiesen und Matten oder auf das Dorf. Grosszügige Umgebung mit Gartenterrasse und Liegeplätzen.

Zimmer
Grosszügige, helle Zimmer mit Bad/Dusche, WC, Radio, TV, Telefon, Haartrockner und Südbalkon. Die durch Galerien vergrösserten Doppelzimmer für 4 bis 5 Personen sind für Familien besonders geeignet.
Küche
Im hellen Speisesaal werden abends abwechslungsreiche 4-Gang-Menüs serviert. Kulinarisch verwöhnen lassen kann man sich aber auch in der gemütlichen Arvenstube mit Bündner Spezialitäten oder an der Apérobar.
Sport/Erholung
Sauna im Hause. Zwei Spielzimmer mit Ausgang zum Gartenspielplatz für die kleinen Gäste. Die Umgebung bietet das ganze Jahr hindurch vielfältige Möglichkeiten für Sport, Wandern oder interessante Ausflüge.
Besonderes
Gemütliches Foyer mit Bibliothek und Kaminfeuer, an welchem man sich entspannen oder kennen lernen kann.

GR   **CELERINA/ST. MORITZ**

RhB Chur–Samedan–St. Moritz, St. Moritz 3 km

HOTEL CHESA ROSATSCH

Kleine, feine Ferienoase für Geniesser, direkt am Inn.

Fensterplatz-Spezialangebot:
Frühling und Herbst im Engadin
(11.6. bis 16.7. sowie 21.8. bis 15.10.)
Zimmer mit Frühstück ab CHF 85.–.

7505 Celerina/St. Moritz
(Oberengadin, 1730 m ü. M.)
Tel. 081 837 01 01, Fax 081 837 01 00
www.rosatsch.ch
hotel@rosatsch.ch
Ueli Knobel, Direktion
Historisches Unikat Hotel
35 Zimmer, 83 Betten

Saison
Weihnachten bis Ende März, Mitte Juni bis Mitte Oktober.
Preise
Im Sommer: DZ CHF 85.–/230.–, EZ CHF 110.–/130.–, im Winter: DZ CHF 135.–/325.–, EZ CHF 165.–/310.–, je nach Standard. Täglich wechselndes Frühstücksbuffet inbegriffen. Ess(S)pass anstelle von HP: Der Gast kann frei wählen, in welchem Restaurant er essen will. Diverse attraktive Pauschalangebote.
Lage
Die vier Engadiner Chesas, drei davon historisch, eines modern, liegen im Dorfkern von Celerina und direkt am Inn, wenige Schritte von der berühmten Kirche San Gian.
Zimmer
Komfortable, individuell eingerichtete Zimmer im Engadinerstil mit Bad, WC, Haartrockner, Telefon, TV, Radio, Minibar, Safe, teilweise mit Balkon oder Erker. Starke Farben und natürliche Materialien – unbehandelte Hölzer, Wolle, Leinen, Stein, Zinn – schaffen unvergleichliche Lebensqualität.

Küche
Einheimische und klassische Gerichte in den «Stüvas Rosatsch», Holzofenspezialitäten im «La Cuort», Inn-Bar mit Exklusivitäten aus Fass und Humidor.
Freizeit/Kultur
Es gibt nichts, was in der einzigartigen Höhenluft des Engadins nicht unternommen werden kann. Kleines Wellness-Angebot mit Sauna (Farbtherapie-Lichter), Dampfbad, Erlebnisdusche. Wanderwege, Langlaufloipen und Gondelbahn in unmittelbarer Nähe.

GR CHUR
SBB Zürich–Chur, Zürich 120 km

ROMANTIK HOTEL STERN

*Gemütliches Stadthotel für genuss-
freudige, kulturbeflissene und sport-
begeisterte Urlauber.*

*Fensterplatz-Spezialangebot:
CHF 213.–/Person im DZ (CHF 263.– im EZ):
- 2 Übernachtungen inkl. Frühstücksbuffet
- 2 Abendessen (3-Gang-Menu)
- 1 Willkommensdrink
- 1 Eintritt ins Rhätische Museum
- 1 Eintritt ins Kunstmuseum
Buchbar über Wochenende (Fr–So).*

7000 Chur, Reichsgasse 11
Tel. 081 258 57 57, Fax 081 258 57 58
www.stern-chur.ch
info@stern-chur.ch
Direktion: Jean-Luc Rohner
★★★ Romantik-Hotel
mit 60 Zimmern, 90 Betten

Saison
Ganzjährig geöffnet.
Preise
EZ CHF 110.–/145.–, DZ CHF 190.–/250.–,
Junior-Suite CHF 270.–/290.–, inkl. Frühstücksbuffet. Zuschlag für Halbpension
CHF 40.– (ab drei Übernachtungen).
Spezialangebote auf Anfrage.
Lage
Historisches Haus (seit 1677) mitten in der
fussgängerfreundlichen Altstadt von Chur,
gegenüber dem Stadttheater.
Zimmer
Alle Zimmer komfortabel, geschmackvoll
und heimelig eingerichtet, mit Bad/WC
oder Dusche/WC, Telefon, TV, Radio,
Minibar.
Küche
Genussvolles kulinarisches Angebot in drei
Lokalen: Traditionelle Bündner Gastlichkeit
in Arvenholz-Atmosphäre im Restaurant
«Stern». Vino und Pasta im Restaurant
«Controversa» und Biere aus aller Welt, serviert mit Poulet in sämtlichen Variationen
in der Brasserie «Calanda».
Sport/Erholung
Golfplatz und Skigebiet für alle Ansprüche in nächster Nähe. Ausgangspunkt für
abwechslungsreiche Wanderungen und Ausflüge. Vielseitiges kulturelles Angebot.
Besonderes
Bahnreisende werden auf Voranmeldung gratis mit dem Hotel-Oldtimer am
Bahnhof abgeholt.

GR   **DAVOS PLATZ**

RhB Landquart–Davos–Filisur, Chur 50 km, Zürich 145 km

HOTEL BEAU SEJOUR

Familiäres Haus im Herzen von Davos mit unvergleichlicher Sicht auf die herrliche Bergwelt.

7270 Davos Platz, Promenade 96
(1560 m ü. M.)
Tel. 081 416 57 47, Fax 081 416 52 09
www.beau-sejour.ch
hotel@beau-sejour.ch
Familie Ines und Michel Cordey, Eigentümer
★★★ Hotel mit Charme
33 Zimmer, 60 Betten

Fensterplatz-Spezialangebot:
Ende Mai bis Ende Oktober:
CHF 70.–/90.– pro Person und Nacht,
inkl. Frühsücksbuffet.

Saison
Ende Mai bis Ende Oktober, Ende November bis Ostern.

Preise
Sommer: CHF 70.–/90.– pro Person und Nacht. 7 Tage zum Preis von 6. Winter: CHF 120.–/160.– pro Person und Nacht. Skiwoche: 6 Übernachtungen inklusive 6-Tages-Skipass: ab CHF 1000.–. Spezialpreise für Familien. Alle Preise inklusive reichhaltigem Frühstücksbuffet. Halbpensions-Zuschlag: CHF 25.– (3- bis 4-Gang-Menü).

Lage/Geschichte
Zentral gelegen, unweit des Kongresshauses; Bushaltestelle (Gratisbus) gleich neben dem Haus. Idealer Ausgangspunkt zu zahlreichen Spazier- und Wanderwegen sowie Bergbahnen, Läden und Restaurants. Unverbaute Aussicht über Davos und seine Bergwelt.

Zimmer
Individuell und gepflegt eingerichtet, alle Zimmer mit Bad/Dusche, WC, Kabel-TV, Telefon, Safe und Haartrockner. Teilweise mit Balkon, meist gegen Süden.

Küche
Auf frische, saisonale und lokale Produkte wird besonders Wert gelegt. Am Abend wird ein abwechslungsreiches 3- bis 4-Gang-Menü mit einem erlesenen Wein serviert.

Zeitvertreib
Gemütliche Aufenthaltsräume im Haus. Nahe von Restaurants, Läden, Hallenbad, Sauna, Museen, Bergbahnen, Wanderwege, Golf, Langlauf etc.

Besonderes
Von der Eigentümerfamilie persönlich geführt. Gemütliches und gepflegtes Hotel mit Umschwung.

GR   **DAVOS PLATZ**

RhB (Chur–)Landquart–Davos–Filisur; Chur 50 km, Zürich 145 km

---

HOTEL MOROSANI POST

Preiswertes familienfreundliches ★★★★ Haus mitten im fröhlichen Feriengeschehen.

7270 Davos Platz, Promenade 42
Tel. 081 415 45 00, Fax 081 415 45 01
www.morosani.ch
posthotel@morosani.ch
Leitung: Mario Gubser
★★★★ Hotel
im Herzen von Davos Platz

Fensterplatz-Spezialangebot:
19. Mai bis 10. Oktober jeweils
Sonntag bis Freitag auf Anfrage:
CHF 80.– pro Person.

Saison
Ende Mai bis Mitte November und Anfang Dezember bis Anfang April.

Preise
Einzelzimmer CHF 130.–/215.–, Doppelzimmer CHF 130.–/250.– pro Person, je nach Standard und Saison; inkl. Frühstücksbuffet. Aufpreis für Halbpension CHF 30.–. Preisgünstige Familienferien in den Komfort-Appartements. Interessante Winter- und Sommerpauschalen!

Lage
Downtown Davos, nahe bei Bushaltestelle und Jakobshornbahn; 3 Minuten vom Bahnhof entfernt.

Zimmer
80 bequeme und wohnliche Zimmer im Bündner Stil, grösstenteils nach Süden gelegen, mit Balkon. Sämtliche Zimmer mit Bad/Dusche, WC, TV, Radio, Telefon, Haartrockner, Minibar.

Küche
Das «Pöstli» ist ein mit 15 Gault-Millau-Punkten bewertetes Erstklass-Restaurant, in hellem Bündner Ambiente gehalten. 80 Sitzplätze. Saisonal ausgerichtete leichte Küche; Bündner Spezialitäten.

Sport/Erholung
Im Haus: Wellness mit Massagen, Pool, Sauna/Biosauna, Dampfbad und Solarium. Ausserhalb: Umfassendes Angebot an Möglichkeiten und Anlagen zur sportlichen Betätigung.

Besonderes
Davos vereint die Schönheit von Landschaft und Bergwelt mit den Annehmlichkeiten der Stadt.

GR   DAVOS SERTIG
ab Davos-Platz–Sertig, VBD Linie 8, Chur 58 km

HOTEL-RESTAURANT WALSERHUUS SERTIG

Das Ferienparadies in traumhafter Bergwelt auf 1860 m ü. M. – fast wie im Himmel….

7272 Davos Sertig
Tel. 081 410 60 30, Fax 081 410 60 35
www.walserhuus.ch
walserhuus@swissonline.ch
Familie Joos Biäsch-Conrad,
Besitzer/Hoteliers
★★★ Hotel
10 Zimmer, Ferienwohnung,
Mehrbettzimmer und Touristenlager

Fensterplatz-Spezialangebot:
Im Winter: Schlittenfahrt mit dem Davoser Schlitten und Fakeln; im Sommer: Schussfahrt mit dem Trottinett ins romantisch-rustikale Restaurant Mühle Sertig zum Nachtessen. Der Hotelbus bringt Sie jeweils wieder zurück.

Saison
Ganzjährig geöffnet.
Preise
EZ CHF 105.–/120.–, DZ CHF 140.–/180.–;
2-Zimmer-Ferienwohnung CHF 140.–/190.– pro Tag,
im 6-Bett-Zimmer CHF 45.–, im Massenlager
CHF 30.– pro Person. Nachtessenarrangement nach freier Wahl CHF 30.– pro Person.
Spezialwochen und Pauschalangebote.
Lage
Das 1999 neu erbaute WALSERHUUS SERTIG liegt inmitten unberührter Landschaft auf einem Hochplateau auf 1860 m ü. M. Gut erreichbar mit Privatauto, Postauto oder Pferdekutsche.
Zimmer
Doppelzimmer mit Terrasse und dem üblichen Komfort. Ruhig, mit Aussicht auf die einmalige Bergwelt. Fühlen Sie sich wohl beim «Schellenursli, Heidi, Geissapeter…»
Küche
Abwechslungsreiche, zeitgemässe Küche mit regionaler und saisonaler Auswahl. Bündnerspezialitäten und diverse feine Fleisch- und Käsefondues, liebevoll täglich frisch zubereitet.
Sport/Erholung
Sommer: Einmaliges Wandergebiet, Trottinett-Verleih, Kutschenfahrten.
Winter: Langlaufloipe direkt vor dem Haus, Eisfallklettern nur 30 Minuten entfernt, Skitouren, Schneeschuhwandern, Schlitteln, Pferdeschlittenfahrten.
Besonderes
Schöner Seminarraum mit guter Infrastruktur für max. 25 Personen. Gratis-Postauto für Hotelgäste nach Davos.

GR   GUARDA

RhB Samedan–Scuol; Bus ab Station Guarda; Bad Scuol 15 km, Davos 33 km

HOTEL MEISSER

*Echte Bündner Gastlichkeit
vor den Toren des Nationalparks.*

7545 Guarda (Unterengadin, 1650 m ü. M.)
Tel. 081 862 21 32, Fax 081 862 24 80
www.hotel-meisser.ch
info@hotel-meisser.ch
Leitung: Benno Meisser
Unique ★★★ Hotel **QQ**
40 Betten und 5 Suiten in originalen
Engadiner Häusern;
seit 111 Jahren in Familienbesitz und
persönlich geführt

*Fensterplatz-Spezialangebot:
Kunst und Kultur in Guarda: 3 Übernachtungen im Doppelzimmer zu nur CHF 250.–
pro Person (im Sommer), CHF 210.– pro Person
(im Winter). Dazu gratis 1 Kunstführer.*

Saison
Sommer: Mitte Mai – Anfang November
Winter: Weihnachtswoche – Ostern
Preise
EZ CHF 95.–/117.–, DZ CHF 65.–/130.–, 2-Zimmer-Suiten
CHF 150.–/215.–, jeweils pro Person inkl. Frühstücksbuffet. Kinder bis 12jährig sind im Elternzimmer gratis.

Lage
Das malerische Dorf Guarda, die Heimat des
Schellenursli, liegt auf einer Sonnenterrasse
hoch über dem Inn im Unterengadin. Das
typische Engadinerdorf aus dem 17. Jahrhundert steht unter Heimatschutz und ist
unbedingt eine Reise wert. Das Dorf an sich
ist wie ein Museum. Unübertrefflich ist die
schöne Sicht über das Tal in die Berggipfel
der Nationalpark-Region.

Zimmer
Angebot vom kleinen Doppelzimmer mit Dusche/WC bis zur
luxuriösen 2-Zimmer-Suite
mit allem Komfort. Alle Zimmer
haben Direktwahltelefon,
Modemanschluss, Save, Minibar, Haartrockner.

Küche
Bekanntes Panorama-Restaurant «La Veranda». Gepflegte Küche mit einheimischen
Produkten und Fischgerichten. Gartenrestaurant mit grossem Sommerbuffet.
Arvenstube mit Kamin für spezielle Anlässe.
Sport
Sommer: Unzählige traumhafte Wanderungen inmitten unberührter Natur,
im Silvrettagebiet und Nationalpark. Weltbekannte Alpenflora. Schellenursli-Weg.
2 Golfplätze, Tennis, Riverrafting, Mineralbad «Bogn Engadina» im Umkreis
von 20 km. Winter: Schneeschuhwandern und Skitouren (auch geführt), gut präparierte Spazierwege, Schlittenbahn. Skilifte mit der RhB in 17 Minuten erreichbar.

GR   **LAVIN** Landquart 68 km, Davos 28 km
RhB Samedan–Scuol; RhB Landquart–Vereina–Scuol; PTT Davos–Scuol

HOTEL-RESTAURANT
PIZ LINARD

7543 Lavin
(im Unterengadin, 1420 m ü. M.)
Tel. 081 862 26 26 oder 862 27 38
Fax 081 862 26 42
www.pizlinard.ch
hotel@pizlinard.ch
Leitung: Familie Giacomelli-Padrun
★★★ Hotel, 45 Betten

*Gepflegte Gastlichkeit in der
unvergleichlichen Engadiner Bergwelt.*

*Fensterplatz-Spezialangebot:
Übernachtung im Doppelzimmer
inklusive Frühstück, CHF 80.– (mit Balkon)
und CHF 70.– (ohne Balkon).*

Saison
Mitte Dezember bis April und Ende Mai bis Oktober.
Preise
EZ CHF 75.–, DZ CHF 70.–,
DZ Balkon CHF 80.– pro Person, inkl. Frühstück; Zuschlag für Halbpension CHF 15.– (ab 3 Tagen) Wochenpauschalen und Sonderarrangements: EZ CHF 625.– DZ CHF 590.–, DZ Balkon CHF 660.– pro Person (inkl Halbpension; Ankunft und Abreise am Samstag).

Lage
Ruhig gelegen, abseits vom Verkehr, in kleinem, intaktem Dorf im Unterengadin. Parkplatz. Nur zwei Minuten vom Bahnhof. Dank dem Vereina-Tunnel (Eisenbahn mit Autoverlad) kann Lavin das ganze Jahr hindurch schnell, bequem und sicher erreicht werden.
Zimmer
Neuzeitlicher Komfort. Alle Zimmer mit Dusche/WC, Telefon, Radio, TV, einige mit Balkon.
Küche
Reichhaltiges Frühstücksbuffet. Gut bürgerliche, regionale und fettarme Küche. Auf Wunsch auch vegetarische Menüs.
Sport/Erholung
Sauna und Solarium im Haus. Schöne Sonnenterrasse und Garten. Zahllose Wandermöglichkeiten und Bergtouren in der Umgebung und im Nationalpark. Traumhafte Loipen (20 km präparierte Piste mit Anschluss an die Engadiner-Marathon-Strecke), Eisplatz und Trainingsskilift.
Ski alpin: in Scuol (17 km), St. Moritz (40 km), Gotschna Klosters (20 km). Geführte Wander- und Langlaufwochen.
Besonderes
Spezialangebote (z. B. botanische Wanderwoche, Herbstwanderwoche).

GR   **LENZERHEIDE**
PTT Chur–Lenzerheide–St. Moritz; Chur 19 km, ZH Flughafen 120 km

HOTEL SCHWEIZERHOF

Heimeliges, sympathisch geführtes Familienhotel mit ganzjähriger Kinderbetreuung, welches in jedem Fall durch Charme und – wenn gewünscht – durch Luxus besticht.

7078 Lenzerheide
(Bündnerland, 1500 m ü. M.)
Tel. 081 385 25 25, Fax 081 385 26 26
www.schweizerhof-lenzerheide.ch
info@schweizerhof-lenzerheide.ch
Andreas und Claudia Züllig-Landolt
und Claudio Frank, Gastgeber
★★★★ Seminar- und Ferienhotel,
32 Zimmer, 80 Studios, 2½- und
3½-Zimmer-Appartements, 220 Betten

Fensterplatz-Spezialangebot:
Unser neu eröffnetes ***-Künstler-Hotel (200 m vom SchweizerHof entfernt) bietet Ihnen den «gewissen Charme» ohne unnötigen Luxus während dem ganzen Jahr ab CHF 80.– p.P.

Saison
Ganzjährig geöffnet.
Preise
Sommer: 1 Person ab CHF 150.–, 2 Personen ab CHF 250.–; 2½- und 3½-Zimmer-Appartements (2–6 Personen) CHF 300.–/710.–.
Winter: 1 Person ab CHF 200.–, 2 Personen ab CHF 360.–; 2½- und 3½-Zimmer-Appartements (2–6 Personen) CHF 440.–/860.–. Inkl. Frühstücksbuffet. Attraktive Pauschalpreise.
Lage
Zentral, mitten im Dorf gelegen.
Zimmer
32 heimelige Zimmer. 80 grosszügige, rustikale Appartements, alle gegen Süden, mit Balkon oder Gartensitzplatz sowie Bad/Dusche/WC, Telefon, Radio, TV, Minibar.
Küche
Bündner Spezialitäten. Feine italienische Küche, Holzofenpizzas. Schweizer Spezialitäten und «Rösteria». Fondue & Raclette-Stübli (nur im Winter). Café-Bar. Lounge »Gabar» nur während Wintersaison.
Sport
Hoteleigenes Sportcenter mit Erlebnisbad (Sauna und Dampfbad), Tennis-, Squash- und Badminton-Halle sowie Solarium, Kegelbahn, Spielsalon und Billard. 18-Hole-Golfplatz und Vita-Parcours in der Nähe; im Winter Pisten und Loipen beim Hotel.
Besonderes
Das Hotel eignet sich auch ganz besonders für Familienferien, im Winter wie im Sommer (betreuter Kindergarten Mo–Fr).

GR SAMEDAN
RhB Chur–St. Moritz; Chur 77 km, St. Moritz 5 km

HOTEL BERNINA

Herrliche Bergluft, einzigartige Aussicht und kulinarische Köstlichkeiten aus dem eigenen Garten.

7503 Samedan
(Oberengadin, 1720 m ü. M.)
Tel. 081 852 12 12, Fax 081 852 36 06
www.hotel-bernina.ch
hotel-bernina@bluewin.ch
Theodor und Elke Bonjour-Bastian, Gastgeber
★★★★ Hotel
56 Zimmer, 100 Betten
Best Western Hotel

*Fensterplatz-Spezialangebot:
Übernachtung mit Frühstücksbuffet
CHF 90.– pro Person.
Daten: 19.6.–2.7.04, 26.9.–10.10.04*

Saison
Dezember bis April und Juni bis Oktober.
Preise
Doppelzimmer CHF 198.–/318.–, Einzelzimmer CHF 99.–/179.–, Junior-Suite CHF 284.–/358.–, inkl. Frühstücksbuffet. Zuschlag Halbpension mit 5-Gang-Abendessen CHF 50.–, mit 3-Gang-Abendessen CHF 37.–, Vollpension CHF 70.–. Interessante Pauschalangebote.
Lage
Mitten im historischen Dorf mit einem grossen, schönen Hotelpark mit Liegewiese und Tennisplatz sowie atemberaubender Aussicht. Langlaufloipen-Einstieg nahe beim Haus, Corviglia-Skigebiet mit Abfahrt nach Samedan, in 10 Minuten erreichbar (Sportbus-Haltestelle direkt neben dem Hotel).
Zimmer
Grosszügige Arvenholz-Zimmer oder Zimmer mit moderner Möblierung mit Bad oder Dusche, WC, Telefon, TV, Radio.
Küche
Ausgezeichnete Küche mit frischen Produkten, zum Teil aus dem eigenen Garten; Italienisches Spezialitäten-Restaurant mit Pizzeria. Stimmungsvolle Hausbar.
Sport/Freizeit
Sauna und Solarium im Haus, Tennisplatz im Park, Golf, 800 m vom Hotel, mit Greenfee-Ermässigung für Hotelgäste. Alle Sportarten im Sommer wie im Winter. Wunderschöne Spaziergänge, Ausflüge, Wanderungen und Bergtouren. Pferdekutschen- und Schlittenfahrten.
Besonderes
Im legendären Leuchtersaal finden nach alter Tradition klassische Konzerte statt oder werden unvergessliche Feste gefeiert.

GR SAMNAUN
PTT Scuol-Martina-Samnaun, Chur 126 km

HOTEL BÜNDNERHOF

*Familiär geführtes Verwöhnhotel mit allem,
was das erholungsbedürftige Herz begehrt.*

7563 Samnaun,
(Unterengadin, 1850 m ü. M.)
Tel. 081 861 85 00
Fax 081 861 85 20
www.buendnerhof.com
buendnerhof@bluewin.ch
Familie Würfl-Zegg
★★★ Velo/Bike-Hotel
16 Zimmer, 30 Betten

*Fensterplatz-Spezialangebot:
In jeder Saison:
Zimmer/Frühstück CHF 50.–/84.–.*

Saison
Juni bis Oktober, Dezember bis April.
Preise
Pro Person im Sommer
CHF 50.–/60.– mit Frühstück,
CHF 75.–/85.– mit HP.
Im Winter CHF 84.–/129.– mit
Frühstück, CHF 112.–/164.– mit HP.
Pauschalwochen:
CHF 350.–/1360.– im Sommer,
CHF 787.–/1359.– im Winter.
Grosszügiges Frühstücksbuffet
inbegriffen.

Lage
Absolut ruhige Lage im
landschaftlich reizvollen Unter-
engadin. Samnaun ist ein
Zollfreiausschlussgebiet, in
welchem Sie nach Lust
und Laune zollfrei shoppen und tanken können.
Zimmer
Alle Zimmer sind nach baubiologischen Kriterien eingerichtet, mit Balkon und
schönster Aussicht auf die imposante Bergwelt. Üblicher Komfort: Dusche, WC,
Radio, TV, Telefon mit Modem, Safe.
Küche
Gepflegte, marktfrische Küche, für deren Ausgewogenheit und Qualität der Chef des
Hauses selbst besorgt ist – ein Konzert in Swiss-Dur: Raffiniert regional, eidgenöss-
lich national oder kosmoköstlich international.
Freizeit/Kultur
Verwöhnkultur im Hause: Fitnesscenter, türkisches
Dampfbad, finnische Sauna, Solarium. Samnaun ist
im Winter ein glitzerndes Schneeparadies für gren-
zenloses Ski-Vergnügen, im Sommer ein Luftkurort in
grandioser Natur. Zahlreiche Outdoor-Sportarten.

GR SCUOL
RhB Samedan–Scuol; RhB Landquart–Vereina–Scuol; PTT Davos–Scuol

HOTEL BELVEDERE

Sinnesbetonte Lebensräume – gestaltet für Menschen mit individuellem Anspruch. Zum Sein, zum Erholen, zum Vergnügen, zum Auftanken – einfach, um sich Gutes zu tun.

7550 Scuol, Stradun
(Unterengadin, 1250 m ü. M.)
Tel. 081 861 06 06, Fax 081 861 06 00
www.belvedere-scuol.ch
info@belvedere-scuol.ch
Julia und Kurt Baumgartner, Gastgeber
★★★★ Hotel, 64 Zimmer, 100 Betten

Fensterplatz-Spezialangebot:
Von So–Fr nächtigen Sie zum Preis von CHF 100.– p.P./DZ, inkl. Frühstück. Gültig 14.5.–18.12.2004.

Saison
Mai bis April.
Preise
Einzelzimmer CHF 140.–/240.–, Doppelzimmer CHF 130.–/220.– pro Person, inkl. Welcome-Apéro und Frühstücksbuffet, Kerzenlicht-Abendessen. Wochenpauschalen auf Anfrage.
Lage/Geschichte
Mitten im Dorfzentrum und etwa 200 m vom Erlebnisbad «Bogn Engiadina» entfernt. Einmalige, ruhige, sehr sonnige Lage mit freier Sicht auf die eindrucksvolle Bergwelt.
Zimmer
Individuell gestaltete, grosszügige Zimmer und Suiten mit allem Komfort. Für Gipfelstürmer: das Erlebniszimmer im Turm.
Küche
Feine A-la-carte-Karte, erlesene Halbpensions-Menüs im Gourmet-Restaurant «Allegra» oder im eleganten Speisesaal. Am Sonntag Galadiner, Aussichtsterrasse, Pianobar mit Livemusik.
Sport/Erholung
Aussenschwimmbad, Wellness-Bereich mit Sauna und Dampfbad, Billard, Tischtennis, Tennis- und Golfplätze in der Nähe des Hotels. Wöchentliches Unterhaltungsprogramm: Dorfbesichtigung, Kutschenfahrten, geführte Wanderungen, Klassik- sowie Jazzkonzerte, Engadinerabende, Weindegustationen. Bäder: Bogn Engiadina, Römisch-Irisches Bad; im Sommer wie im Winter reiches Sportangebot.
Besonderes
Vom 18.5. bis 18.12.04 schenken wir Ihnen täglich einen Eintritt ins Erlebnisbad «Bogn Engiadina».

GR SENT
PTT Scuol–Sent; Davos 40 km, Landeck (A) 50 km, Chur 93 km

HOTEL REZIA

Gemütliche Ferienoase im malerischen Unterengadin, ein Traum für Ruhesuchende und Aktivurlauber.

7554 Sent
(Unterengadin, 1440 m ü. M.)
Tel. 081 864 12 92, Fax 081 864 93 98
www.rezia.ch
info@rezia.ch
Leitung: Dora Erny-Eglin
Kleinhotel, 18 Zimmer, 34 Betten

***Fensterplatz-Spezialangebot:
Ende Mai bis Ende Oktober:
Übernachtung im DZ inkl. Frühstück
CHF 75.– pro Person.***

Saison
Von Ende Mai bis Ende Oktober und von Weihnachten bis Ostern geöffnet.

Preise
Zimmer mit Dusche/Bad und WC inklusive Halbpension ab CHF 100.– pro Person und Tag. Wochenpauschale ab CHF 665.–, inkl. Halbpension. Kein Einerzimmer-Zuschlag.

Lage
Im Herzen von Sent, einem wunderschönen Unterengadiner Dorf mit imposanten, verzierten Häusern, auf einer sonnigen Terrasse nahe Scuol gelegen.

Zimmer
Individuell und geschmackvoll eingerichtete Zimmer mit Bad und WC, teilweise mit Balkon und Blick auf das Dorf und die Bergwelt des Unterengadins.

Küche
Qualitativ hochstehende Küche, immer auch mit schmackhaften vegetarischen Angeboten. Im Winter Pizzeria und Bar in der Grotta.

Sport/Erholung
Im Winter ist Sent an das Skigebiet Scuol angeschlossen (Skibusse zu den Liften; Traumpiste direkt nach Sent). Im Sommer dient es als Ausgangspunkt für weitreichende Wandermöglichkeiten, auch in den Nationalpark. Viele Gäste schätzen es, sich nach dem Skifahren oder Wandern im Erlebnisbad in Scuol zu erholen.

GR   **SILS-BASELGIA**
PTT St. Moritz–Maloja–Castasegna, Chur 80 km

HOTEL CHESA RANDOLINA

7515 Sils-Baselgia
(Engadin, 1800 m ü. M.)
Tel. 081 838 54 54, Fax 081 838 54 00
www.randolina.ch
hotel@randolina.ch
Familie Clavadetscher-Courtin
★★★ Hotel, 38 Zimmer, 68 Betten

*Im «lieblichsten Winkel der Erde» (Nietzsche):
Wie die Schwalben zieht es einen Jahr für Jahr
nach Sils zurück.*

*Fensterplatz-Spezialangebot:
5./6. Juni. und 16./17. Oktober
Übernachtung und Frühstück im
Doppelzimmer p.P. CHF 100.–.*

Saison
Anfangs Juni bis Mitte/Ende Oktober, Mitte Dezember bis Mitte April.

Preise
Preise pro Person: im DZ/EZ mit HP CHF 140.–/170.–, im DZ in Einzelbelegung mit HP CHF 170.–/250.–.

Lage
Eingebettet zwischen dem Silsersee und dem Piz da la Margna; 50 m von Bushaltestelle entfernt; Wanderwege und Loipen führen direkt am Haus vorbei.

Zimmer
Individuell gestaltete, mehrheitlich im typischen Engadiner Stil gehaltene Zimmer mit Bad oder Dusche, WC, Radio, TV auf Wunsch, Telefon- und Internetanschluss, Haartrockner, Minisafe; einige mit Balkon oder Terrasse, alle mit eindrücklicher Aussicht auf die Engadiner Bergwelt. Herzstück des Hauses ist die grosse Halle mit offenem Kamin und Ausblick zum Silsersee.

Küche
Goût Mieux-Küche (WWF): Beste Zutaten, gekonnte Zubereitung, auf Wunsch vegetarisch oder vollwertig; entweder in trauter Zweisamkeit oder am geselligen Table d'hôte – ganz nach Lust und Laune. Kleines A-la-carte-Restaurant mit Grillspezialitäten auf Voranmeldung; Bar.

Sport/Erholung
Keine Frage im Engadin – jeder tut, wonach ihm zumute ist, seien die Wünsche nun sportlicher, kultureller oder gesellschaftlicher Natur. Sauna, Bibliothek.

Besonderes
Haustiere haben Gastrecht.

GR   **SILS-MARIA**

PTT St. Moritz–Sils–Maloja, St. Moritz 11 km

HOTEL PENSIUN PRIVATA

Wo Gelassenheit Tradition hat: Herzliche Gastfreundschaft im gepflegten Engadiner Haus mit südlichem Charme.

7514 Sils-Maria (1800 m ü. M.)
Tel. 081 832 62 00
Fax 081 832 62 01
www. pensiunprivata.ch
info@pensiunprivata.ch
Familie Dumeng und Ursula Giovanoli
★★★ Hotel
26 Zimmer, 44 Betten

*Fensterplatz-Spezialangebot:
Übernachtung im DZ Standard inkl. Frühstücksbuffet CHF 100.–.
Gültig vom 4. bis 19. Juni sowie vom 11. September bis 10. Oktober.*

Saison
Anfang Juni bis Mitte Oktober, Mitte Dezember bis Mitte April.
Preise
Tagespauschale mit Halbpension: EZ CHF 150.–/190.–, DZ CHF 260.–/330.–.
Lage
Zentraler Ausgangspunkt für viele Sportarten, eingangs des bekannten Fextals und direkt an den Wanderwegen. Idyllischer Garten mit Liegeveranda.
Zimmer
Individuell eingerichtet. Alle Zimmer mit Bad resp. Dusche/WC, Haartrockner, Radio, Telefon, teilweise mit Balkon. Liebevolle Details schaffen Atmosphäre: Zwei Aufenthaltsräume mit Kamin und kleine Hotelbar zum Verweilen.
Küche
Marktfrische saisongerechte Produkte. Regionale und norditalienische Spezialitäten. Der Geschmack eines Gerichtes verrät seinen direkten Weg auf den Küchentisch.

Sport/Erholung
Im Winter: Alpin Skisport, Langlauf, Eislaufen, Schneeschuhwandern usw.
Im Sommer: Ein Wanderparadies! Biken, Windsurfen, Segeln. Boots- und Pferdekutschenfahrten ... oder ganz einfach die Engadinersonne geniessen und auftanken für den Alltag.
Besonderes
SPONTAN und INDIVIDUELL - z.B. persönlich begleitete Wanderungen und Ausflüge, Nordic Walking-Unterricht, Skisafaris (Alpin und Langlauf) und rätoromanische Sprachschnupperkurse.
Besuchen Sie unsere Website oder verlangen Sie unsere Spezialangebote!

GR SILS-MARIA

PTT St. Moritz–Sils-Maria–Maloja, St. Moritz 11 km

HOTEL SERAINA

Den trockenen Charme des Engadins von seiner blumigsten und gastfreundlichsten Seite erleben.

7514 Sils-Maria
(Engadin, 1800 m ü. M.)
Tel. 081 838 48 00, Fax 081 838 48 01
www.hotel-seraina.ch
hotel.seraina@bluewin.ch
Sabine und Marcus Kobler
Familienhotel
37 Zimmer, 22 Ferienwohnungen

Fensterplatz-Spezialangebot:
11. 6. bis 10. 7. sowie 21. 8. bis 17. 10.
DZ à CHF 85.– pro Person, inkl. Frühstück.
12. 12. bis 20. 12. sowie 29. 3. bis 10. 4.
DZ à CHF 95.– pro Person, inkl. Frühstück.

Saison
11. Juni bis 17. Oktober,
12. Dezember bis 10. April.

Preise
Doppelzimmer CHF 210.–/390.–,
Einzelzimmer CHF 120.–/185.–,
inklusive reichhaltigem
Frühstücksbuffet und 5-Gang
Abendessen. Diverse attraktive
Pauschalangebote auf Anfrage.

Lage
Im Sommer inmitten von
Blumen und Wiesen, im
Winter in der Nähe von
Eisplatz und Langlaufloipe
gelegen.

Zimmer
Individuelle, charmante
Zimmer; die grosszügigen
Balkonzimmer mit
Sicht auf den Piz Margna.
Dusche/Bad, WC, Telefon
mit analogem Anschluss,
mehrheitlich mit
Fernseher und Radio.

Küche
Gepflegte Küche im Restaurant und im Engadiner Stübli mit regionalen und internationalen Spezialitäten. Besonders schöner Speisesaal mit blumenförmig geschnitzter Arvenholz-Decke. Einmalige, windgeschützte Sonnenterrasse mit Blick auf den Piz Margna, im Winter wie im Sommer ein Geheimtipp.

Freizeit/Kultur
Wander- und Skiparadies.

GR SILS-MARIA

PTT St. Moritz–Sils-Maria–Maloja–Castasegna; St. Moritz 11 km, Zürich 220 km

HOTEL WALDHAUS

Einmal König sein.....
im Schlosshotel mit der einzigartigen Atmosphäre und prächtigem Ausblick in die Engadiner Alpen.

7514 Sils-Maria
(Oberengadin, 1800 m ü. M.)
Tel. 081 838 51 00, Fax 081 838 51 98
www.waldhaus-sils.ch
mail@waldhaus-sils.ch
Maria und Felix Dietrich-Kienberger,
Urs Kienberger
★★★★★ Schlosshotel QQ
aus der vorletzten Jahrhundertwende
220 Betten

Fensterplatz-Spezialangebot:
★★★★★ Atmosphäre ab CHF 138.– (Mini) oder CHF 178.– (Standard) pro Person, inkl. Frühstücksbuffet. Gültig vom 10.6.–8.7.04, 5.9.–24.10.04, 9.1.–20.1.05 und 3.–10.4.05.

Saison
Dezember bis April und Juni bis Oktober.
Preise
EZ CHF 185.–/330.–, DZ CHF 345.–/700.–, Suiten (für 2 Personen) CHF 880.–/1240.–, inkl. Frühstücksbuffet, Hallenbad, Sauna, Dampfbad, Fitnessraum, Kinderhütedienst. Aufpreis für Halbpension CHF 50.–, für Vollpension CHF 80.–.
Lage
Leicht erhöht über dem Dorf Sils-Maria, in ruhiger Lage, mit einer prächtigen Rundsicht auf die Berge und die beiden benachbarten Seen.
Zimmer
Zimmer behaglich und sehr individuell, mit sämtlichem üblichen Komfort eingerichtet.
Küche
Gepflegte, kreative, abwechslungsreiche Küche mit bündnerischen und anderen regionalen Gerichten und Saisonspezialitäten. Stets auch Fisch- und vegetarische Menüs.
Sport/Erholung
Im Hotel: Sauna, Fitnessraum, Hallenbad mit Sprudelliegen, Tennisplätze, Billard. Im Winter Curling, Eislauf, Rodeln. Gratisbus zu den Bergbahnen und Langlaufloipen. Im Sommer Wandern (hoteleigene Wanderleiterin), Wassersport, Golf, Gratisbenützung der Bergbahnen.
Besonderes
– Kinder sind im «Waldhaus» sehr willkommen! Unentgeltlicher Kinderhütedienst.
– Eigenes Trio für Salon- und Tafelmusik. – Lesezimmer und Hotelbibliothek.
– Das Haus wird direkt und persönlich von der Gründerfamilie geführt.

GR ST. MORITZ
RhB Chur–Samedan–St. Moritz oder PTT, Chur 80 km

HOTEL EDEN GARNI

Komfortables Haus mit privater Atmosphäre, im Zentrum von St. Moritz – für Alleinreisende ebenso geeignet wie für Familien.

Fensterplatz-Spezialangebot:
3-Tage Auftenthalt im Panorama-Zimmer für CHF 300.– pro Person inkl. Bergbahnabonnement und Wanderbroschüre.

7500 St. Moritz, Via Veglia 12
(Oberengadin, 1800 m ü. M.)
Tel. 081 830 81 00, Fax 081 830 81 01
www.edenstmoritz.ch
edenstmoritz@bluewin.ch
Pia Jehle-Degiacomi
★★★ Hotel
35 Zimmer, 50 Betten

Saison
Mitte Juni bis Mitte Oktober, Mitte Dezember bis Mitte April.
Preise
Preise pro Zimmer und Nacht, reichhaltiges Frühstücksbuffet und Parkplatz inbegriffen. Sommer: Einzelzimmer CHF 89.–/138.–, Doppelzimmer 169.–/284.–, Junior Suite CHF 282.–/348.–, Suite 410.–/509.–.
Winter: Einzelzimmer CHF 126.–/208.–, Doppelzimmer 283.–/405.–, Junior Suite CHF 340.–/446.–, Suite 571.–/745.–.
Familienzimmer auf Anfrage.
Lage/Geschichte
Ruhige Lage am Sonnenhang der Corviglia mitten in der Fussgängerzone von St. Moritz, mit Sicht auf den See und das Corvatsch Gebirge. In unmittelbarer Nähe befinden sich die weltbekannten Boutiquen sowie eine Auswahl von feinen Restaurants. Berbahnen, Cresta Run und die Bobbahn sind zu Fuss in wenigen Minuten erreichbar. Das ursprüngliche Bauernhaus wurde 1860 als eines der ersten Hotels in St. Moriz eröffnet.
Zimmer
Die einmalige Architektur verleiht jedem Zimmer seinen eigenen Charakter. Sie sind in hellem Arvenholz gehalten und mit jeglichem Komfort eingerichtet. Alle Zimmer verfügen über Bad/Dusche, WC, Haartrockner Safe, TV, Telefon mit integriertem Wecker und Modemanschluss.
Sport/Erholung
In und um St. Moritz bieten sich ungeahnte Möglichkeiten um bei Sport oder anderen Beschäftigungen das legendäre «Champagner-Klima» zu geniessen. Im Haus selbst findet man in verschiedenen stilvollen Salons Gelegenheit sich beim Kaminfeuer mit Musik, Lektüre oder anderen erholsamen Beschäftigungen die Zeit mit Kaffee, Tee und hausgemachten Kuchen zu vertreiben. Der erlebnisreiche Tag kann in unserem «Honest Corner» mit einem Schlummertrunk beendet werden.

GR   **ST. MORITZ**
RhB Chur–Samedan–St. Moritz oder PTT, Chur 80 km

HOTEL RANDOLINS

*5 Häuser, 4 Jahreszeiten,
3 Sterne, 2000 Meter, 1 Erlebnis!*

*Fensterplatz-Spezialangebot:
Spezial-Carving-Wochen:
- 7 Übernachtungen im DZ mit HP
- 7 Tage Engadin Skipass
- 7 Tage Carving-Skischule
- 1 Tag gratis «Colour Carving» Skitest
für CHF 1174.–!*

7500 St. Moritz, via Curtins 2
(Engadin, 2000 m ü. M.)
Tel. 081 830 83 83, Fax 081 830 83 80
www.randolins.ch
randolins@bluewin.ch
Thomas und Gabi Josi-Hegnauer,
Direktion
★★★ evangelisches Ferienzentrum
51 Zimmer, 92 Betten,
33 Gruppenzimmer mit 108 Betten

Saison
20. Juni bis 24. Oktober, 17. Dezember 04 bis 9. April 05.

Preise
Einzelzimmer im Sommer CHF 78.–/114.–, im Winter CHF 99.–/134.–, Doppelzimmer im Sommer CHF 94.–/124.–, im Winter CHF 114.–/144.– pro Person, jeweils mit Halbpension.

Lage
Schönste Lage in St. Moritz mit herrlicher Aussicht auf den Champfèr- und Silvaplanersee. Das Hotel liegt im Sommer mitten im Wandergebiet, im Winter direkt an der Skipiste.

Zimmer
Stilvolle, warme, im Engadiner-Stil gehaltene Räume mit Dusche, WC, Telefon, TV, Radio, Wecker, Haartrockner. Auf Wunsch einfachere Gruppenunterkünfte.

Küche
Randolins pflegt eine ausgewogene, gesunde und abwechslungsreiche Küche mit vielseitigem Frühstücksbuffet, reichhaltigen, marktfrischen Menüs zum Nachtessen und – wenn gewünscht – einer leichteren Mittagsmahlzeit oder einem Lunchpaket. Auf Wunsch Diätkost.

Freizeit/Kultur
Ein eigener Sportplatz sowie ein Gymnastik- und Wellnessraum laden zu Spiel und Sport ein. Grosses Kursangebot – von der täglichen Meditation über botanische Wanderwochen bis zum angeleiteten Fitnesstraining. Verlangen Sie den Hotelprospekt mit den vielfältigen Kursangeboten.

GR   **ST. MORITZ**
RhB Chur–Samedan–St. Moritz oder PTT; Samedan 6 km, Chur 80 km

HOTEL WALDHAUS AM SEE

Erstklassiges Haus mit reichhaltigem kulturellen Angebot, an aussichtsreicher Lage, nahe dem Wasser und mitten in den Bergen.

7500 St. Moritz
(Oberengadin, 1800 m ü. M.)
Tel. 081 836 60 00, Fax 081 836 60 60
www.waldhaus-am-see.ch
waldhaus.am.see@bluewin.ch
Claudio und Helen Bernasconi-Mettier
★★★ Hotel, 51 Zimmer, 95 Betten

*Fensterplatz-Spezialangebot:
Mitte April bis Ende Mai: CHF 85.–
pro Person im Doppelzimmer, inkl.
Frühstücksbuffet.*

Saison
Ganzjährig geöffnet.
Preise
Zwischensaison: EZ und DZ CHF 85.–/95.–
pro Person, inkl. Frühstücksbuffet.
Hochsaison: Im EZ CHF 150.–/230.–, im
DZ CHF 140.–/220.– pro Person. Attraktive
Sommer- und Winterpauschalen mit vielen
Extras. Spezialabende.
Lage
Sehr ruhige, erhöhte Lage über dem
St. Moritzersee in unberührter Landschaft.
Herrliche Aussicht.
Zimmer
Alle Zimmer verfügen über Dusche/WC oder
Bad/WC, Haartrockner, Safe, Minibar, Telefon,
Radio, TV und DVD. Dank unserer neuen Telefonanlage verfügen alle Zimmer über Fax- und
Internet-Anschluss.
Küche
Reichhaltiges Frühstücksbuffet. Gepflegtes
Abendessen. Grosse Auswahl auserlesener Weine.
Sport/Wellness
Im Hotel: Sauna, Dampfbad und Solarium. Gratis-Zubringerdienst zu den
St. Moritzer Bergbahnen. Im Winter beliebte Schneesportregion. Im Sommer Wassersport sowie Spazier- und Wanderwege. Reichhaltiges kulturelles Angebot: Für
Körper und Geist ist alles vorhanden.
Besonderes
Zum Hotel gehört die grösste Whisky-Bar der Welt.

GR ST. MORITZ-CHAMPFÈR

PTT St. Moritz–Champfèr; St. Moritz 3 km, Chur 76 km

HOTEL CHESA GUARDALEJ

Stilvolles, gediegenes Haus, erfüllt in jeder Beziehung höchste Ansprüche.

7512 Champfèr-St. Moritz
(Oberengadin, 1825 m ü. M.)
Tel. 081 836 63 00, Fax 081 836 63 01
www.chesa-guardalej.ch
info@chesa-guardalej.ch
Leitung: Andreas Haag
★★★★ Ferienhotel im Engadiner Stil
95 Zimmer und Suiten, 165 Betten
Engadin Golf Hotel

Fensterplatz-Spezialangebot:
Für neue Guardalej-Gäste:
2 Übernachtungen jeweils So–Fr, 18.6.–10.10.
- Genussvolle Frühstückslandschaft
- Freie Benutzung von Wellness/Fitness
für CHF 198.– pro Person im Doppelzimmer.

Saison
Mitte Juni bis Mitte Oktober, Mitte Dezember bis Mitte April.

Preise
Winter: EZ CHF 160.–/375.–,
DZ CHF 160.–/305.– p. P., je nach Saison und Lage. Sommer: EZ CHF 140.–/205.–,
DZ CHF 140.–/195.– p.P. Inkl. Frühstücksbuffet, Hallenbad, Dampfbad, Sauna, Fitnessraum, Parkplatz in Tiefgarage, exkl. Kurtaxen. Spezialangebote.

Lage
Ruhig, im kleinen Weiler Champfèr. PTT-Haltestelle vor dem Haus; Gratistransfer zum Bahnhof St. Moritz und den nahegelegenen Skigebieten.

Zimmer
Harmonisch-rustikal eingerichtet, fast alle mit Balkon oder Terrasse, Bad/WC oder Dusche/WC, Telefon mit Voice-Mail, TV (mit Pay-TV, Internet-Zugang, Video-Games und Infokanal), Radio, Safe, Haartrockner, Bademantel usw.

Küche
Das stilvolle «Restorant Jenatsch» mit anspruchsvoller französischer und internationaler Küche. Lokale Spezialitäten in der «Stüva del Postigliun». Antipasti, Pasta- und Risotto-Spezialitäten in der nur im Winter geöffneten «Trattoria Diavolo». Piano-Bar mit Live-Musik.

Sport/Erholung
Im Hotel: Fitnessraum, Wellness-Bereich, Schwimmbad, finnische Sauna, türkisches Bad, Solarium, Massage, Beautysalon und Übungsputtinggreen. Ausserhalb: Mountainbiking, Skifahren, Wandern, Golf, Langlauf usw. Sport-Animation im Haus.

GR   TARASP
PTT Scuol–Tarasp; Landquart 83 km, Zürich 186 km

SCHLOSSHOTEL CHASTÈ

Exquisites Erstklasshaus in unmittelbarer Schlossnähe – eine Adresse für Geniesser

Fensterplatz-Spezialangebot: Übernachtung CHF 100.–/Person. Juni–Mitte Juli, Mitte September bis Ende Saison, Januar bis 10. Februar.

7553 Tarasp/Sparsels
(Unterengadin, 1400 m ü. M.)
Tel. 081 861 30 60, Fax 081 861 30 61
www.schlosshoteltarasp.ch
www.relaischateaux.ch/chaste
chaste@schlosshoteltarasp.ch
Leitung: Rudolf und Daniela Pazeller, Eigentümer
★★★★ Hotel mit 38 Betten
Relais & Châteaux und Sélection Suisse, Chaîne des Rôtisseurs, Schweizer Gilde etablierter Köche, Tafelgesellschaft zum Goldenen Fisch, Prosper Montagné, Grandes Tables de Suisse
15 Gault-Millau-Punkte

Saison
Weihnachten bis Ostern, Juni bis 3. Woche Oktober.
Preise
EZ CHF 190.–/245.–, DZ CHF 190.–/250.–, Suiten CHF 245.–/270.– pro Person, inkl. Halbpension (6-Gang-Wahlmenü), wunderschöne Wellnessanlage und Massage. Wochenpauschalen Jan. und Juni.
Lage
Ein Bijou an herrlicher Sonnenlage in unberührter Berglandschaft, in der Nähe des Schlosses Tarasp. Das 500-jährige Chastè, einst einer der grössten Bauernhöfe in Tarasp, ist heute ein Engadiner Kleinod voller Ambiance und mit einer prächtigen Gartenterrasse.
Zimmer
Mit allem Komfort. Auch Himmelbettzimmer.
Küche
Dem saisonalen Angebot angepasste leichte, bekömmliche und gleichzeitig raffinierte französische Küche. Die einheimischen Gerichte kommen nicht zu kurz. Dîners mit sechs Gängen. Ausgezeichneter Weinkeller.
Sport/Erholung
Im Herzen des Unterengadins gelegen – im Winter Schneesport, im Sommer Ausgangspunkt für zahllose Wanderungen. Nahe des Nationalparkes und des Erlebnisbades in Scuol.
Besonderes
Dank der Vereina-Tunnel-Linie Scuol-Tarasp ab Zürich bequem mit dem Zug in 2 Stunden und 45 Minuten erreichbar!

GR   VELLA

PTT Ilanz–Vella–Vrin; Ilanz 10 km, Zürich 150 km

HOTEL GRAVAS

Ausruhen, aufatmen, ungetrübte Farben und belebte Ruhe geniessen im gemütlichen kleinen Wellness-Hotel.

7144 Vella
(Lugnez/Bündner Oberland, 1244 m ü. M.)
Tel. 081 931 21 21, Fax 081 931 32 35
www.hotelgravas.ch
gravas@spin.ch
Leitung: Béatrice und Fabio Di Blasi-Brand
★★★ Hotel, kinderfreundlich
15 Zimmern und 33 Betten

*Fensterplatz-Spezialangebot:
Ganzjährig: Übernachtung p.P. im DZ
ab CHF 83.–, inkl. Frühstücksbuffet.*

Saison
Dezember bis April,
Mai bis November
geöffnet.

Preise
CHF 83.–/104.– im
Doppelzimmer p.P./Tag,
inkl. Frühstücksbuffet.
Zuschlag für
Halbpension CHF 35.–.
Familien- und Wellness-
pauschalen auf
Anfrage.

Lage
Sonnige, freie Lage auf
dem Hochplateau des
Lugnez, oberhalb des
Dorfes Vella. Nahe bei Sessellift, Skischule und Loipe.

Zimmer
Gemütliche, helle Zimmer mit Dusche/WC; Südzimmer mit Bad/WC, Balkon und Radio/TV.

Küche
Im gemütlichen Restaurant saisonorientiertes A la carte-Angebot sowie Bündner Spezialitäten, u.a. «La Cinghialata» – ein prächtiger Wildschweinschmaus à la Obelix in der stimmungsvoll dekorierten «Stiva blaua» oder das «Lugnezerbuffet» – eine Reise à discrétion durch die viel gelobte Bündner Küche.

Freizeit
Sauna und gut eingerichteter Fitnessraum im Hause. Tennisplatz und Badesee. Das Lugnez ist ein herrliches Gebiet für Wanderungen und Spaziergänge.

Besonderes
Das Hotel Gravas bietet Wellness-Wochen und insbesondere Entschlackungskuren an. Grosses Angebot an Massagen, Wickel und Packungen mit Algen, Juraerde und Meersalz für ganzheitliches Wohlbefinden. Spezialprogramme und attraktive Pauschalpreise!

GR **ZERNEZ**
RhB Samedan–Zernez–Scuol, Chur 78 km

HOTEL BÄR & POST

Neurenoviertes Familienhotel in dritter Generation seit 1905.
Hoteleigene Bio-Landwirtschaft mit rundum natürlichem Charme.

Fensterplatz-Spezialangebot:
Übernachtung im DZ inkl. Frühstücksbuffet,
Sauna und Solarium CHF 65.– bis 75.–
pro Person.

7530 Zernez (Unterengadin, 1474 m ü. M.)
Tel. 081 851 55 00, Fax 081 851 55 99
www.baer-post.ch
info@baer-post.ch
Inhaber/Leitung:
Familie Patscheider-Monsch
★★★ Hotel, 85 Betten

Saison
Ende Dezember bis Ende Oktober durchgehend geöffnet.

Preise
EZ CHF 85.–, DZ CHF 65.– bis 75.– pro Person, inkl. Frühstücksbuffet (Aufpreis für HP CHF 25.–), Swimmingpool (outdoor), Sauna und Solarium.

Lage
Das «Bär & Post» liegt am Eingangstor zum schweizerischen Nationalpark, in unmittelbarer Nähe zu den Winterskigebieten St. Moritz, Klosters und Scuol (30 km). Die 6 km langen Langlaufloipen und die gepflegten Wanderwege rund um Zernez freuen den sportbegeisterten Winter- und Sommergast.

Zimmer
Alle Zimmer sind behaglich und individuell, aber stilsicher und mit dem üblichen Komfort eingerichtet. Haupthaus und Restaurant rollstuhlgängig.

Küche
Gepflegte, kreative, abwechslungsreiche Küche mit bündnerischen und anderen regionalen Gerichten sowie Saisonspezialitäten. Stets auch Fisch- und vegetarische Menüs. Biobeef vom hauseigenen Bauernhof.

Freizeit/Kultur
Im «Bär & Post»: Sauna, Solarium, Tennisplätze (outdoor). Shiatsu-Therapeutin. Ganzjähriges Wanderparadies, im Winter Langlauf, Curling, Eislauf (Kunsteis, bis April), Rodeln.

Besonderes
Auf Anfrage bereiten wir einen Ausflug zur Ranch mit anschliessendem Brunch oder abendlichem Grill und musikalischer Unterhaltung vor.

fensterplatz

ZENTRALSCHWEIZ

Luzern
Obwalden
Nidwalden
Schwyz (ohne Region Zürichsee)
Uri
Zug

NW **BÜRGENSTOCK**
Luzern–Kehrsiten–Bürgenstock; Luzern 18 km, Zürich 70 km

BÜRGENSTOCK
HOTELS & RESORT

6363 Bürgenstock
(Vierwaldstättersee, 900 m ü. M.)
Tel. 041 612 90 10, Fax 041 612 90 11
www.buergenstock-hotels.ch
information@buergenstock-hotels.ch
★★★★★ PARK HOTEL,
★★★★ PALACE HOTEL, GRAND HOTEL

Grosszügiger Resort – hoch über dem Vierwaldstättersee.

Fensterplatz-Spezialangebot:
2 Tage Wellnessarrangement Bürgenstock:
2 Übernachtungen inklusive Frühstücksbuffet,
tägliches 4-Gang Auswahl Menu und 2 Wellness
Bausteine nach Wahl. CHF 570.–/630.–.

Saison
Ganzjährig geöffnet.
Preise
PARK HOTEL: EZ CHF 330.–/500.–,
DZ 490.–/660.–, Juniorsuite CHF 560.–/
730.– (Einzelnutzung CHF 430.–/600.–).
PALACE & GRAND HOTEL:
EZ CHF 260.–/420.–, DZ CHF 280.–/440.–,
Junior Suite Fr. 470.–/630.–
(Einzelnutzung CHF 350.–/510.–),
pro Nacht, je nach Lage und Saison.
Inbegriffen ist ein reichhaltiges
Frühstücksbuffet und die Benutzung des Wellness Clubs.
Lage
Verkehrs- und lärmfrei, Sicht auf fünf Seen, Luzern und die Berge der Innerschweiz.
Zimmer
Grosszügig ausgestattete Zimmer mit Sicht auf See oder Berge.
Küche
Klassische, exklusive oder regionale, traditionelle Küche im Gourmet-Restaurant
«Le Club» oder im Panorama-Restaurant «Da Tintoretto», in der rustikal-
gemütlichen «Taverne» oder im Bergrestaurant «Hammetschwand».
Sport/Erholung
Kostenlose Benützung von Innen- und Aussenschwimmbad, Sauna, Dampfbad,
Fitnessraum und Mountainbikes. Hoteleigener Golfplatz (9 Loch). Wandergebiet in
unmittelbarer Nähe des atemberaubenden Felsenweges. Ausflüge auf berühmte
Berggipfel oder mit dem Raddampfer auf dem Vierwaldstättersee.
Besonderes
Div. Säle für Meetings oder Kongresse, eigene Kapelle, grosse Kunstsammlung.
Bürgenstock-Standseilbahn, Hammetschwandlift (Europas schnellster Aussenlift).

NW   EMMETTEN

PTT Stans–Emmetten–Seelisberg; Luzern 24 km, Zürich 84 km

HOTEL SEEBLICK

*Erholung und Entspannung
im Herzen der Schweiz.*

6376 Emmetten/Luzern
(Vierwaldstättersee, 800 m ü. M.)
Tel. 041 624 41 41, Fax 041 624 42 42
www.hotelseeblick.ch
info@hotelseeblick.ch
Urs Schaub, Direktor
Tagungs- und Ferienhotel
200 Betten

*Fensterplatz-Spezialangebot:
Übernachtung im Doppelzimmer mit
Abendessen, Frühstücksbuffet, Wellness-
benutzung (Hallenbad, Dampfkabine
und Gymnastikraum) jeweils von Sonntag
auf Montag pro Person nur CHF 80.–.*

Saison
Ganzjährig geöffnet.
Preise
Hotelzimmer: EZ CHF 110.–/125.–, DZ
CHF 170.–/200.–, inkl. Frühstücksbuffet
und Benützung Hallenbad, Dampfkabine
und Gymnastikraum. Ferienwohnungen:
CHF 140.–/200.– pro Wohnung und
Tag (bis 6 Personen), Benützung des
Hallenbades etc. inbegriffen.
Lage
Im Herzen der Schweiz – einmalige,
ruhige Lage über dem Vierwald-
stättersee – auf einer Sonnenterrasse
mit herrlichem Panoramablick. Nur
20 Autominuten nach Luzern (Auto-
bahnausfahrt Emmetten-Beckenried-
Seelisberg).
Zimmer
100 Doppel-/Einzelzimmer mit Berg- und
Seesicht. Geschmackvolle und helle
Zimmer mit Dusche/WC, Radio, TV, Telefon.
10 Ferienwohnungen für 2–6 Personen.
Küche
Saisonale, kreative Gastronomie. Reich-
haltiges Frühstücksbuffet. A la carte Restaurant «Marmite» und für den kleinen
Hunger unser Selbstbedienungsrestaurant «Bistretto».
Sport/Erholung
Im Haus: neu gestaltetes Hallenbad, Dampfkabine, Solarium sowie Gymnastikraum.
Zusätzlich Massagen, Kosmetik- und verschiedene Therapieanwendungen. In
der Umgebung: Alle Wintersportarten, Gleitschirm-Passagierflüge, Wandern, Vita-
Parcours. Idealer Ausgangspunkt für die schönsten Ausflüge in die Innerschweiz:
Pilatus, Rigi, Dampfschifffahrten auf dem Vierwaldstättersee.

OW   ENGELBERG
LSE Luzern–Stans–Engelberg; Luzern 36 km, Zürich 85 km

HOTEL WALDEGG

Erstklasshotel am Sonnenhang von Engelberg, in welchem sich alle Generationen sofort wie zu Hause fühlen.

6390 Engelberg, Schwandstrasse 91
(1000 m ü. M.)
Tel. 041 637 18 22, Fax 041 637 43 21
www.waldegg-engelberg.ch
info@waldegg-engelberg.ch
Marco von Euw
★★★★ Hotel, 65 Zimmer, 130 Betten

*Fensterplatz-Spezialangebot:
Auf Anfrage oder unter
www.waldegg-engelberg.ch*

Saison
Ganzjährig geöffnet.
Preise
Pro Person/Tag im DZ inkl. Frühstücksbuffet, Sauna, Busdienst zu den Bahnen, exkl. Kurtaxen: Sommer CHF 142.–/152.–, Winter CHF 155.–/210.–. Zuschlag für EZ CHF 30.–, Zuschlag HP CHF 41.–. Ab vier Nächten 10 % auf Listenpreise, attraktive Pauschalangebote.
Lage
Am Südhang in bester Aussichtslage über dem Klosterdorf, absolut ruhig. Inmitten intakter Naturlandschaft, umgeben von Bäumen und Wiesen, mit Blick auf die imposante Bergwelt des Titlis (3020 m).
Zimmer
Grosszügige, stilvolle Zimmer und Suiten mit jeglichem Komfort: Bad/Dusche/WC, Haartrockner, TV/Radio, Telefon, Internet, Minibar und Sitzgruppe, alle mit Balkon und Alpensicht.
Küche
Marktorientierte Frischprodukteküche. Bestes Gourmet-Restaurant, auch mit einfacheren Gerichten. Gepflegter Weinkeller.
Sport/Freizeit
Neueröffnete Wellness-Oase. Breite Palette von sportlichen und kulturellen Aktivitäten: Wandern, Tennis, Gleitschirmfliegen, Canyoning, Mountainbike-Touren, Skifahren, Curling, Schlittelplausch; Klosterbesuch.

OW ENGELBERG

LSE Luzern-Stans-Engelberg; Luzern 36 km, Basel 130 km, Zürich 85 km

RAMADA-TREFF Hotel Regina Titlis

6390 Engelberg, Dorfstrasse 33
(1050 m ü. M.)
Tel. 041 639 58 58, Fax 041 639 58 59
www.ramada-treff.ch
ramada-titlis@ramada-treff.ch
Leitung: Roland Odermatt, Direktor
★★★★ Hotel
128 Zimmer, 256 Betten

Der Duft der weiten Welt vereint mit der Behaglichkeit eines alpinen ★★★★ Hotels.

*Fensterplatz-Spezialangebot:
Wochenendplausch in Engelberg
DZ CHF 100.– p. P. und Nacht, inkl. Frühstücksbuffet, ein Willkommenscocktail, Besuch der Glasi Hergiswil, das Gütezeichen für handgefertigtes Glas.*

Saison
Ganzjährig geöffnet.
Preise
EZ ab CHF 160.–, DZ ab CHF 130.– p. P. und Nacht inkl. Frühstücksbuffet. Appartements (mind. 2 Pers.) ab CHF 165.– p. P. und Nacht. Freie Benutzung von Hallenbad, Sauna und Fitnessecke.
Lage
Einmalige Landschaft im Zentrum des Alpendorfes Engelberg, direkt neben dem Kurpark. Engelberg ist ein kleiner und exklusiver Kurort unterhalb des gewaltigen Berges «Titlis». Der Bahnhof ist nur wenige Gehminuten entfernt.
Zimmer
Mit Bad/WC, Haartrockner, Telefon, Radio, Kabel-TV, Minibar. Jedes Zimmer verfügt über einen Balkon und einen unbeschreiblichen Blick auf das Bergpanorama. Nichtraucherzimmer vorhanden. Ein Internet-Corner befindet sich in der Hotelhalle.
Küche
Stilvoll gediegene italienische Küche im Restaurant «La Strega», in verspielter Einrichtung und bei offenem Kaminfeuer; Schweizer Spezialitäten, vom Fondue bis zum Zürcher Geschnetzelten, im rustikalen Restaurant «Titlis».
Sport/Erholung
Fitnessraum, Hallenbad, Sauna und Solarium sorgen für Entspannung und Erholung. Engelberg bietet im Winter alle denkbaren Vergnügen für Schnee und Eis. Vom Anfänger bis zum Crack findet jeder ideale Pisten, Buckel und Halfpipes.
Besonderes
Golfspielen inmitten der phantastischen Bergwelt. Ab Sommer 2004 zum Einlochen bereit: die neue 18-Loch-Anlage. Luzern ist Ausgangspunkt vergnüglicher und landschaftlich höchst reizvoller Ausflüge. Erleben Sie die einzigartige Schönheit des Vierwaldstättersees dank einer erlebnisreichen Schifffahrt.

OW   ENGELBERG

LSE Luzern-Stans-Engelberg; Luzern 36 km, Basel 130 km, Zürich 85 km

TREFF Hotel Sonnwendhof

6390 Engelberg, Gerschniweg 1
(1050 m ü. M.)
Tel. 041 637 45 75, Fax 041 637 42 38
www.sonnwendhof.ch
sonnwendhof@treff-hotels.ch
Leitung: Elfi Odermatt, Direktorin
★★★ Hotel
28 Zimmer, 56 Betten

Persönlich geführtes kleines Juwel.

Fensterplatz-Spezialangebot:
Ein Wochenende in den Bergen: DZ zum Preis von CHF 90.– p. P. und Nacht inkl. Frühstücksbuffet, ein Willkommenscocktail, eine Klosterführung mit Ausstellung (samstags) und Besuch in der Schaukäserei Engelberg.

Saison
Ganzjährig geöffnet.
Preise
DZ je nach Saison und Aufenthaltsdauer CHF 80.–/120.– p. P. und Nacht, inkl. Frühstücksbuffet.
Lage
Ein äusserst ruhig und dennoch zentral gelegenes, persönlich geführtes kleines Juwel inmitten der idyllischen Engelberger Bergwelt. Nur einige Schritte vom Bahnhof und dem Dorfkern entfernt, 3 Minuten zur Titlis-Talstation oder zum Sporting-Park.
Zimmer
28 helle, freundliche Zimmer mit Doppelbetten, Bad/Dusche/WC, Kabel-TV, Radio, Telefon, Haartrockner, Minibar, Safe. Alle Zimmer mit Balkon und Sicht auf den Titlis oder Brunni. Nichtraucher-Etage vorhanden.
Küche
Wechselnde, dem saisonalen Angebot angepasste Köstlichkeiten. Bei schönem Wetter und

angenehmen Temperaturen wird im «Steigärtli» serviert. Die kleine, feine Bar ist bestens geeignet, den Tag auf angenehmste Weise ausklingen zu lassen.
Sport/Erholung
Fitnessraum und Sauna finden Sie im Hotel selbst; verschiedene Sportarten können Sie ferner im nahe gelegenen Sporting-Park ausüben. Im Sommer bietet Engelberg ungezählte Möglichkeiten für Wanderungen in einer herrlichen Bergwelt, im Winter eine Vielzahl abwechslungsreicher Skipisten.
Besonderes
Über 360 km Wanderwege laden ein, betreten zu werden. Skifahren zwischen 1000 und 3000 m ü. M. 82 km Pisten und 14 Transportanlagen ermöglichen in den Gebieten Titlis – Jochpass und Brunni auf blauen, roten und schwarzen Pisten perfektes Skivergnügen.

OW   FLÜELI-RANFT

Bus Sachseln Bhf–Flüeli-Ranft, Luzern 24 km

HOTEL PAXMONTANA

6073 Flüeli-Ranft, (750 m ü. M.)
Tel. 041 660 22 33
Fax 041 660 61 42
www.paxmontana.ch
info@paxmontana.ch
Andrea und Martin Küttel, Direktion
★★★ Jugendstil-Hotel QQ
120 Zimmer, 200 Betten

Geschichte und Kultur entdecken im Oeko-Hotel im mystischen Kraftort Flüeli-Ranft.

Fensterplatz-Spezialangebot:
4 Tage – 3 Nächte mit Frühstücksbuffet und 3-Gang Abendessen:
CHF 297.– pro Person, EZ-Zuschlag CHF 15.–.
Gültig: 4.–7. Mai, 10.–13. Mai, 18.–21. Juli 04.

Saison
April bis Ende Oktober 2004.
Preise
CHF 95.–/115.– pro Person im Doppelzimmer, Zuschlag Einzelzimmer CHF 15.–.
Lage
Das teilweise neu renovierte historische Jugendstilhotel liegt direkt am Jakobsweg, einem alten und heute wieder aktuellen Pilgerweg quer durch Europa. Die «urwüchsige Alpenlandschaft», der Blick über den Sarnersee und das Melchtal und die noch immer erlebbare Gegenwart des Mystikers und Friedensheiligen Niklaus von der Flüe verleihen dem Ort eine spezielle Anziehungskraft.

Zimmer
Wohnen im architektonischen Bijou von 1896, mit dem Komfort von heute: Dusche, WC, Telefon, grösstenteils mit Balkon und herrlicher Sicht auf See oder Berge. Bewusster Verzicht auf Radio und TV in den Zimmern.
Küche
Gepflegte Gastronomie, schmackhafte Obwaldner und Schweizer Spezialitäten sowie vegetarisches Angebot im Restaurant Veranda, im Speisesaal – alle beide stilecht renoviert und mit einzigartiger Atmosphäre – oder auf der Terrasse, wo man sich dem Rauschen der Melchaa und dem Spiel des Lichts hingeben kann.

Freizeit/Kultur
Wandern in der sanften Hügellandschaft, Fischen, Klettern, Meditation, Ruhe und Erholung, Kultur und Geschichte. Breites Angebot an Ausflügen in der Umgebung.

OW   GISWIL

SBB Luzern–Giswil–Brünig–Interlaken, Luzern 29 km

HOTEL LANDHAUS GISWIL

Oase der Gastfreundschaft mit wunderbarer Aussicht.

6074 Giswil, Brünigstrasse 200
(554 m ü. M.)
Tel. 041 675 13 13, Fax 041 675 22 32
www.landhaus-giswil.ch
hotel@landhaus-giswil.ch
Reto Buchli, Direktor
46 Zimmer, 89 Betten

Fensterplatz-Spezialangebot:
Übernachtung im DZ inkl. Frühstücksbuffet:
Ganzjährig ab CHF 70.– pro Person.

Saison
Ganzjährig geöffnet.
Preise
Einzelzimmer CHF 85.–/125.–, Doppelzimmer CHF 140.–/195.–, je nach Saison und Ausstattung, reichhaltige Obwaldner Frühstückslandschaft inbegriffen.
Lage
Abseits von Stress und Hektik an schönster Aussichtslage, in einer grünen Oase mit Wiese und Wald oberhalb des Dorfes Giswil.
Zimmer
Übernachtung im Doppelzimmer oder in einer der grosszügigen Suiten; alle Zimmer verfügen über Bad/Dusche, WC, TV und Radio, Haartrockner, Safe und Blick ins Grüne.

Küche
Hochstehende, kreative und neuzeitliche Küche im Gourmet-Stübli, einheimische und rustikale Spezialitäten in der Landbeiz. Von der Panorama-Terrasse geniessen Sie einen unvergleichlichen Blick über Obwalden und den Sarnersee.
Freizeit/Kultur
Hallenbad, Solarium und Sauna (mit Farblichttherapie) im Hause. Tenniscenter in Sarnen, 2 Tennis-Sandplätze in Giswil; diverse Skigebiete im Sarneraatal, Langlaufzentrum Langis-Glaubenberg. Ausgangspunkt für unvergessliche Wanderungen oder Ausflüge nach Luzern mit Shopping und Verkehrshaus, auf den Pilatus, ins Freilichtmuseum Ballenberg oder ins Flüeli Ranft.

NW   **HERGISWIL**

Bahn oder Schiff ab Luzern; Luzern 9 km, Basel 100 km

SEEHOTEL BELVEDERE

Die schönsten und aussergewöhnlichsten Freizeit-Ideen – zusammengestellt vom Belvédère-Team.

6052 Hergiswil, Seestrasse 18
(Vierwaldstättersee, 448 m ü. M.)
Tel. 041 632 33 33 , Fax 041 632 33 34
www.hotel-belvedere.ch
info@hotel-belvedere.ch
Ursula Näpflin, Propr., Daniel
Leuenberger, Geschäftsführer
★★★ Hotel, 36 Zimmer, 68 Betten

Fensterplatz-Spezialangebot:
April, Oktober und November:
1 Übernachtung für CHF 75.– pro Person bei freier Kapazität im Zimmer mit Seeblick.

Saison
Ganzjährig geöffnet.
Preise
Winter EZ CHF 101.–/112.–, DZ CHF 149.–/174.–.
Sommer: EZ CHF 127.–/142.–, DZ CHF 189.–/220.–.
Inkl. Frühstücksbuffet. Zuschlag Halbpension CHF 40.– pro Person. Attraktive Wochenpauschalen. Pauschale: 2 Tage Ausspannen im Belvédère ab CHF 148.– pro Person.
Lage
Am Fusse des Pilatus an traumhafter Lage direkt am Vierwaldstättersee, 3 Minuten vom Bahnhof Hergiswil. Kursschiff-Anlegesteg im Dorf.

Zimmer
Zimmer mit Dusche/Bad und WC, Radio, Telefon und Minibar, teilweise mit Blick auf den See.
Küche
Im Restaurant «Beljardin» mit Wintergarten und grosser Seeterrasse werden Sie saisonal und stimmungsvoll verwöhnt. Ein spezielles Erlebnis bietet das Restaurant «Chupferpfanne» mit feinen Grilladen vom offenen Feuer und fangfrischem Fisch.
Sport/Erholung
Eigene Bootsanlegeplätze. Mountainbiking, Gleitschirmfliegen, alle Wassersportarten, Bergtouren, alle Arten von Wintersport. Ausflüge per Schiff und Bergbahnen: Bruder Klaus-Wallfahrtsort, Gletschergarten, Picasso-Museum, Tellmuseum, Verkehrshaus usw.
Besonderes
Bei der Planung Ihrer Aktivitäten berät Sie das Belvédère-Team kompetent.

LU   LUZERN/HORW

Bus ab Luzern bis Rank/Winkel, Luzern 5 km, Zürich 55 km

SEEHOTEL STERNEN

Wahlspruch in der malerischen Horwer Bucht direkt am Vierwaldstättersee: «Wenn Sie kommen dürfen, lachen Sie – wenn Sie gehen müssen, weinen Sie.»

6048 Horw
(Vierwaldstättersee, 486 m ü. M.)
Tel. 041 348 24 82, Fax 041 348 24 83
www.seehotel-sternen.ch
info@seehotel-sternen.ch
Isabel und Daniel Unternährer
★★★★ Hotel
25 Zimmer, 44 Betten

Fensterplatz-Spezialangebot:
1. Oktober bis 31. März, Übernachtung im DZ mit Frühstücksbuffet CHF 100.– pro Person.

Saison
Ganzjährig geöffnet.
Preise
Winter: EZ CHF 130.–/155.–, DZ CHF 195.–/240.–;
Sommer: EZ CHF 170.–/195.–, DZ CHF 260.–/290.–, reichhaltiges Frühstücksbuffet inbegriffen.
Lage
5 Autominuten von der Leuchtenstadt Luzern entfernt. Der windgeschützte Standort am Fusse des Pilatus zeichnet sich durch ein extrem mildes Frühlings- und Herbstklima aus.
Zimmer
25 gemütlich und komfortabel eingerichtete Zimmer, alle mit Balkon, Bad/Dusche, WC, Radio, TV, Telefon, Minibar und Modemanschluss.
Küche
In den drei stilvollen A-la-carte-Restaurants (Venus, Neptun und Gaststube) mit Blick auf See und Berge sowie auf der grossen Seeterrasse werden Sie mit einer gutbürgerlichen internationalen Küche verwöhnt. Vegetarische Gerichte und Fischspezialitäten. Im Winter Abendessen bei Kaminfeuer.
Sport/Erholung
Eigener Bootssteg und Liegewiese direkt am See. Alle Möglichkeiten für sportliche Betätigungen; Ausgangspunkt für verschiedene Ausflüge zu kulturellen und anderen Sehenswürdigkeiten in der Innerschweiz; gemütlicher Bummel in der Leuchtenstadt.
Besonderes
Der ideale Rahmen für Feiern aller Art – ein Ort, an dem garantiert Ferienstimmung aufkommt.

LU   **LUZERN/KASTANIENBAUM**
Bus oder Schiff ab Luzern; Luzern 7 km, Zürich 55 km

SEEHOTEL KASTANIENBAUM

*Eine Harmonie von ländlicher Ruhe,
kulturell-städtischem Angebot, belebender
Wellness und gepflegter Kulinarik.*

6047 Kastanienbaum
(Vierwaldstättersee, 486 m ü. M.)
Tel. 041 340 0 340, 041 340 10 15
www.kastanienbaum.ch
seehotel@kastanienbaum.ch
Leitung: Beatrice und Olaf Reinhardt
★★★★ Hotel, 80 Betten, Mitglied
Alpine Classic Hotels

*Fensterplatz-Spezialangebot:
«Pilatusblick» CHF 98.– pro Person und Tag
mit Sektfrühstücksbuffet. November bis
März jeweils von Freitag bis Sonntag (Basis:
Doppelzimmer zum Berg. Einzelzimmer-
zuschlag CHF 30.– pro Tag).*

Saison
Ganzjährig geöffnet.
Preise
EZ CHF 190.–/235.–, DZ CHF 290.–/360.–,
je nach Saison und Zimmerlage, inkl.
Frühstücksbuffet. Zahlreiche Sonder-
angebote (z. B. Golfsafaris, Beauty-
Programme, Wellness-Wochen usw.).
Lage
Direkt am See, auf einer Halbinsel in
einer Oase der Ruhe mit einmaliger
Sicht auf See und Berge, nahe am Puls
der Stadt.

Zimmer
Grosszügige, geschmackvoll und komfortabel eingerichtete Zimmer mit Bad/WC, TV,
Radio, Telefon, Zimmersafe, Minibar und Balkon.
Küche
Zwei gepflegte Restaurants für verlockende Feinschmeckermenüs und Fleisch-
spezialitäten oder Köstlichkeiten mit frischem Fisch aus dem See. Weinkeller mit
erlesener Auswahl. Seeterrasse. Hotelbar mit raffinierten Cocktails, Aperitifs
und Spirituosen als Ouverture oder zum krönenden Abschluss.
Sport/Erholung
Hoteleigenes Strandbad, Swimmingpool und Liegewiese. KAZ-Wellness-Club:
Beauty-Farm mit Sauna, Massagen, Whirlbädern, Solarium und kosmetischen
Behandlungen. Die hoteleigenen Fahrräder können unentgeltlich benutzt werden.
Fünf 18-Loch- und zwei 9-Loch-Golfplätze in weniger als 30 Autominuten
Entfernung.

SZ MERLISCHACHEN

Mit SBB, Bus oder Schiff ab Luzern; Luzern 12 km, Zug 24 km

SCHLOSS-HOTEL SWISS-CHALET

6402 Merlischachen
(am Vierwaldstättersee, 442 m ü. M.)
Tel. 041 854 54 54, Fax 041 854 54 66
www.schloss-hotel.ch
info@schloss-hotel.ch
Prop.: Joseph Seeholzer
★★★★ Hotel, wo Ritter noch
Ritter sind; 198 Betten, 98 Zimmer

Wo Ritter noch Ritter sind – sei es im sachkundig umgebauten Bauernhaus aus dem 17. Jahrhundert oder im Schloss-Hotel mit modernstem Komfort.

Fensterplatz-Spezialangebot:
Vom 1. Oktober bis 30. April! Übernachtung im Doppelzimmer inkl. Frühstück CHF 95.– pro Person. Gültig ab 4 Übernachtungen. Hallenbad, Solarium und Whirlpool stehen selbstverständlich zur Verfügung.

Saison
Hotel ganzjährig geöffnet.
Restaurant Januar–Februar geschlossen.

Preise

Preise	inkl. Frühstück	
	Schloss-Hotel	Swiss-Chalet
Mai–Sept.	EZ 149.–/189.–	EZ 76.–/98.–
	DZ 189.–/264.–	DZ 98.–/129.–
Okt.–April	EZ 129.–/169.–	EZ 68.–/89.–
	DZ 169.–/244.–	DZ 94.–/119.–

Lage
Im Dorf, direkt am Vierwaldstättersee, mit grossem eigenem See- und Badepark. Absolut ruhige, aussichtsreiche Lage mit Blick auf den See und die Berge.

Zimmer
Grosszügige, stilecht eingerichtete Zimmer mit allem Komfort.

Küche
Wir verwöhnen unsere Gäste mit kulinarischen Leckerbissen der internationalen Spitzenklasse.

Sport/Erholung
Im Hotel: Hallenbad, Sauna, Solarien, Whirlpool; hoteleigener Badestrand; Golf- und Tennisplätze in 3 km Entfernung. Optimale Ausgangslage für sportliche oder andere Ausflüge zu Wasser und zu Lande, in die Stadt oder auf die Berge.

Unterhaltung
Nachtclub «Queen's Club» bis 2 Uhr morgens geöffnet. Ab 21 Uhr Live-Pianist.

OW SARNEN
SBB Luzern–Sarnen, Luzern 21 km

HOTEL KRONE

Eine Krone der Gastlichkeit im Herzen der Schweiz.

6061 Sarnen, Brünigstrasse 130
(470 m ü. M.)
Tel. 041 666 09 09, Fax 041 666 09 10
www.krone-sarnen.ch
hotelkrone@bluewin.ch
Bruno Bachmann, Direktor
★★★★ Hotel
59 Zimmer, 95 Betten

*Fensterplatz-Spezialangebot:
Januar bis April, Oktober bis Mitte
Dezember: Übernachtung im DZ,
inkl. Frühstück, CHF 75.–/Person.
Mit 3-Gang-Nachtessen CHF 90.–,
mit 4-Gang-Nachtessen CHF 95.–.
Zuschlag EZ CHF 20.–.*

Saison
Ganzjährig geöffnet.
Preise
Einzelzimmer CHF 100.–/150.–,
Doppelzimmer CHF 210.–,
Junior Suite CHF 220.–/350.–
Lage
Zentral im Kantonshauptort gelegen, in der anmutigen Innerschweizer Berge- und Seenlandschaft.
Zimmer
Alle Zimmer sind mit Bad oder Dusche, WC, Minibar, Telefon (ISDN), Kabel-TV mit Radio und Wecker, Safe, Haartrockner und teilweise mit Balkon ausgestattet. Speziell eingerichtete Zimmer für Rollstuhlgänger. Neu: Nichtraucher-Zimmer.

Küche
Französisches Restaurant «Les Quatre Saisons» mit ausschliesslich frischen und saisonalen Gerichten, exotische Gastlichkeit im Chinarestaurant «Huang Guan», Innerschweizer und internationale Spezialitäten im Restaurant «Zum Batzehof»; immer grosses vegetarisches Angebot. Sonnenterrasse mit Boulevard-Café, Pizza aus dem Freiluft-Holzofen.
Freizeit/Kultur
Tenniscenter im Ort, eigene Kegelbahn. Ausflugsziele: Seeweg Sarnen, Wichelsee, Flüeli Ranft, Jakobsweg, Pilatus, Melchsee-Frutt, Brienzer Rothorn.

UR **SEELISBERG**
Seilbahn Treib TSB–Seelisberg, Luzern 33 km

HOTEL BELLEVUE

Persönlich, gemütlich, natürlich schön!

6377 Seelisberg
(Vierwaldstättersee, 800 m ü. M.)
Tel. 041 825 66 66
Fax 041 825 66 67
www.bellevue-seelisberg.ch
info@bellevue-seelisberg.ch
Erich und Vreny Amstad
★★★ Hotel, 57 Zimmer, 118 Betten

Fensterplatz-Spezialangebot:
Übernachtung im Doppelzimmer
inkl. Frühstücksbuffet CHF 75.– pro
Person.

Saison
Ganzjährig geöffnet.
Preise
Einzelzimmer CHF 95.–/115.–, Doppelzimmer CHF 150.–/210.–, Frühstücksbuffet inbegriffen.
Lage
Die moderne Hotelanlage im Chalet-Stil liegt rund 400 m über dem Vierwaldstättersee, eingebettet in eine traumhafte Landschaft.

Zimmer
Alle Zimmer sind im rustikalen Stil gehalten, verfügen über Bad/Dusche, WC, Haartrockner, Telefon, Radio, TV. Sie übernachten direkt über dem Urnersee und dem historischen Rütli, entweder im Hoteltrakt mit Lift oder im Natur- und Gästehaus.

Küche
Vorzügliche Hotelküche mit auserlesenen Fleisch-, Fisch- und vegetarischen Gerichten im heimeligen Restaurant oder auf der Sonnenterrasse mit unbeschreiblich schönem Panorama.
Freizeit/Kultur
Faszinierende Gegend mit einem Spannungsbogen, der vom See bis zum Gletscher reicht. Viele Ausflugsmöglichkeiten. Ideal für anforderungsreiche Bike- und Berg-Touren, Wanderungen, Tennis, Gleitschirm; im Winter vielfältiges, familienfreundliches Skigebiet (Skiservice im Hotel).
Besonderes
Haben Sie die Bergschuhe eingepackt, dann können Sie auf einem Berggipfel unvergessliche Abendstimmungen geniessen.

SZ · STOOS

Bus Brunnen SBB-Morschach/Seilbahn Stoos; Schwyz 4 km, Zug 25 km

SPORT- UND SEMINARHOTEL STOOS

6433 Stoos (autofreier Ort, 1300 m ü. M.)
Tel. 041 817 44 44, Fax 041 817 44 45
www.hotel-stoos.ch
info@hotel-stoos.ch
René Koch, Gastgeber
★★★★ Hotel, 104 Betten,
Appartementhaus mit 36 Betten

Pferdewagen statt Autofahrten, bevorzugtes Wander- und Skigebiet, sportliche Herausforderungen – und nachts ein Meer von Sternen dank reinster Luft.

*Fensterplatz-Spezialangebot:
Entspannungsweekend mit 2 Übernachtungen im Doppelzimmer-Studio, Frühstück, Halbpensions-Special, Ganzkörpermassage, Hallenbad, Fitness, Late check-out, CHF 390.– pro Person.*

Saison
365 Tage geöffnet.
Preise
Pro Person und Nacht:
Im Hotel EZ CHF 140.–/160.–, DZ CHF 240.–/320.–
Im Appartementhaus: EZ CHF 90.–/110.–
DZ CHF 170.–/210.–. Inkl. Frühstücksbuffet,
Hallenbad, Sauna, Fitness, ab 3 Nächten
Welcome-Drink. 4-Gang Halbpension CHF 25.–.
Lage
Stoos – autofreies, sonniges Hochplateau über
dem Vierwaldstättersee, fernab der Alltagshektik.
Panoramaschau auf die Schweizer Alpenwelt.

Zimmer
Alle Zimmer mit Bad oder Dusche/WC, Radio, Sat-TV, Minibar, Haartrockner, Telefon, ISDN-Anschluss, grösstenteils mit Balkon. Für Familien Appartements und Maisonette-Zimmer.
Küche
Abwechslungsreiche, leichte Küche in zwei Restaurants mit grosser Sonnenterrasse (Panorama-Restaurant und Stoosbeiz), Tanzboden-Bar, Harlekin-Bar.
Sport/Erholung
Im Hotel: Hallenbad, Sauna, Solarium, Fitness, Massage, Tennis, Boccia, Curling, Tischtennis, Volleyball, Billard. Gut erschlossenes Wander- und Skigebiet (alpin und nordisch). Mountainbiking, Gleitschirmfliegen. Polysporthalle und alpines Freibad am Ort. Diverse Ausflugsmöglichkeiten: Pferdewagenfahrten, Besuch der Alpkäserei, Nachtschlitteln, Schneeschuhlaufen usw. Das Welcome-Team berät Sie gerne.
Besonderes
Spezialisiertes Hotel für Seminare, Meeting, Events.

LU   VITZNAU

Schiff (SGV) Luzern–Vitznau; Zürich 55 km, Luzern 25 km

ARABELLASHERATON VITZNAUERHOF

Für Kenner des guten Geschmacks mit romantischer Ader: Restauriertes Jugendstilhotel in malerischer Seebucht am Fusse der Rigi.

ArabellaSheraton Vitznauerhof
6354 Vitznau
(Vierwaldstättersee, 435 m ü. M.)
Tel. 041 399 77 77, Fax 041 399 76 66
www.arabellasheraton.com
vitznauerhof@arabellasheraton.com
Kurt und Sarah Balmer, Direktion
★★★★ Hotel, 90 Zimmer, 146 Betten

*Fensterplatz-Spezialangebot:
Fragen Sie nach unseren attraktiven Spezialangeboten.*

Saison
1. März bis 28. November 2004.
Preise
DZ CHF 250.–/430.–, EZ CHF 160.–/250.–, Suiten CHF 390.–/710.–, je nach Saison und Standard. Reichhaltiges Frühstücksbuffet inbegriffen; HP (ab 3 Nächten möglich) CHF 54.– pro Person.
Lage
Von einem Park umgeben direkt am See gelegen.
Zimmer
Zum Verlieben schöne, neu renovierte Jugendstilzimmer, alle mit Bad/ Dusche, WC, TV, Safe, Minibar, Telefon.
Küche
Saisonales Frischprodukte-Angebot im Restaurant «Grand Siècle» oder auf der idyllischen Seeterrasse. Weitere Angebote auf Anfrage.

Sport/Erholung
Entspannung im Wellnessbereich mit Schwimmbad, Sauna, Solarium, Dampfbad, Massagen und Fitnessraum. Hauseigener Tennisplatz und Badestrand, Kinderspielplatz, hauseigenes Motorboot. Die vielen Ausflugsziele der Zentralschweizer Seen- und Bergwelt
sind bequem zu erreichen: Die Rigibahn (älteste Zahnradbahn Europas) hält ebenso vor der Haustür wie die nostalgische Raddampferflotte auf dem Vierwaldstättersee. Ein Ausflug in das Gletscherparadies Titlis, eine Fahrt mit der steilsten Zahnradbahn Europas auf den Pilatus oder ein Einkaufsbummel in der malerischen Stadt Luzern machen Ihren Aufenthalt unvergesslich.

LU WEGGIS

SGV (Schiff) Luzern–Küssnacht–Weggis, Zürich 60 km, Luzern 20 km

HOTEL CENTRAL AM SEE

Eintreten und Träumen... im atmosphärischen Stilhotel an der Riviera des Vierwaldstättersees.

6353 Weggis, Seestrasse 25 (430 m ü. M.)
Tel. 041 392 09 09, Fax 041 392 09 00
www.central-am-see.ch
info@central-am-see.ch
Familie Stephan und Diana Meyer-Hinz,
Gastgeber und Inhaber
★★★ Hotel
35 Zimmer, 62 Betten

*Fensterplatz-Spezialangebot:
«Romantisch wohnen»
Gültig 20.9.–24.10. sowie 01.2.–30.04. Eine Übernachtung mit Frühstücksbuffet für CHF 95.– pro Person; ab 7 Tagen eine Gratisfahrt auf die Rigi, die «Königin der Berge».*

Saison
Geöffnet Januar bis November.
Preise
EZ CHF 115.–/145.–, DZ CHF 180.–/260.–, Junior Suite CHF 240.–/270.–, inklusive reichhaltigem Frühstücksbuffet. Zuschlag Halbpension (4-Gang Menü) CHF 40.– (ab 3 Tagen Aufenthalt).
Lage
Atemberaubende, idyllische Lage direkt am Vierwaldstättersee – ruhig und zentral. Dorfkern und Schiffsstation sind nur wenige Minuten entfernt.

Zimmer
Die stilvollen Zimmer mit herrlichem Blick auf den See und die Berge laden zum Träumen ein. Jedes Zimmer ist von einer Stil-Epoche geprägt (vom Barock über Nostalgie bis zur Gegenwart...) und wurde mit Liebe und Individualität eingerichtet.
Küche
Erstklassige gutbürgerliche Küche mit saisonalem Angebot. Rigi-Stübli mit Cheminée, Wintergarten-Restaurant mit herrlicher Aussicht auf den See, einmalige, romantisch gelegene Seeterrasse mit mächtigen Kastanienbäumen: Mitglied der Tafelgesellschaft zum Goldenen Fisch.

Freizeit
Geheiztes Freibad im Garten 26 °C (offen von Mai–Oktober). Liegewiese, direkter Zugang zum See. Hoteleigene Fahrräder. Fünf Golfplätze in der Umgebung.
Besonderes
Ein Haus mit viel Charme und Atmosphäre. Ideal für einen Ferienaufenthalt – um dem Stress vom Alltag zu entrinnen.

NW   WOLFENSCHIESSEN

LSE (Luzern-Stans-Engelberg Bahn), Haltestelle «Dörfli», Luzern 21 km

---

HOTEL OCHSEN

Charmantes Kleinhotel vor den Toren Engelbergs, in welchem Gastfreundschaft gross geschrieben wird.

Fensterplatz-Spezialangebot: Übernachten im DZ inkl. Frühstück CHF 60.–. Fensterplatz-Extras: Auf Wunsch geführte Bike-Touren, Schneeschuhlaufen mit Begleitung und anschliessendem Raclette.

6386 Wolfenschiessen, Dörfli 4
(Engelbergertal, 510 m ü. M.)
Tel. 041 629 73 73
Fax 041 629 73 70
www.kleinhotel.ch
info@kleinhotel.ch
Fränzi Bucheli-Hess, Birgit Michelitsch
★★★ Hotel
10 Zimmer, 23 Betten

Saison
Ganzjährig geöffnet, Betriebsferien 14.6. – 29.6.04.

Preise
Einzelzimmer CHF 70.–, Doppelzimmer CHF 120.–, Dreibettzimmer CHF 160.–, Vierbettzimmer CHF 200.–

Lage
Unmittelbar beim Hotel-Gasthaus liegt die Bahnhaltestelle «Dörfli», welche zwei Bahnstationen vor Engelberg liegt und eine direkte Verbindung nach Luzern ermöglicht.

Zimmer
Schöne und gepflegte Zimmer mit Dusche/WC, TV und Telefon. Wahlweise mit oder ohne Balkon. Grosse Familienzimmer. Spielzimmer für die kleinen Gäste im ersten Stock.

Küche
Vielseitige Küche mit kreativen Gerichten und saisonalen Abwechslungen im heimeligen Restaurant. Säli für 40 Personen.

Sport/Erholung
Für Velofahrer bietet sich die Gelegenheit, auf gut ausgebauten Radwegen vom Gasthaus aus gemütliche Radtouren mit der ganzen Familie sowie anspruchsvolle Mountainbike-Touren zu unternehmen. Beliebte Wandergegend; berühmte Gipfel für Bergsteiger in Reichweite.
Hervorragende Thermik und vielseitige Windverhältnisse für Gleitschirmpiloten im gesamten Engelbergertal.
Guter Ausgangspunkt für Skifahrer und Snowboarder: Der nahe gelegene Skiort Engelberg ist von hier nur zwei Bahnstationen entfernt.

SWISSHOTEL ZUG

Der ideale Ausgangspunkt, um gut gestärkt den unwiderstehlichen Charme der Altstadt von Zug und des Zugerlandes zu entdecken.

Fensterplatz-Spezialangebot:
Mo bis Do CHF 90.–, Fr bis So CHF 80.– p.P. im DZ inkl. Original-Swiss-Frühstücksbuffet.
oder:
2 Nächte für 2 Personen inkl. Original Swiss-Breakfastbuffet, Dine-Around Zug sowie Tageskarte der Zugerland Verkehrsbetriebe zu sagenhaften CHF 199.– pro Person.

6300 Zug
Chamerstrasse/Chollerstrasse 1a
Tel. 041 747 28 28, Fax 041 741 45 23
www.swisshotel-zug.ch
email@swisshotel-zug.ch
Andrea & Philip C. Brunner, Hoteliers
★★★ Hotel, 50 Zimmer, 7 Suiten

Saison
Ganzjährig geöffnet, geschlossen über Weihnachten/Neujahr.

Preise
EZ CHF 130.-/160.–, DZ CHF 200.–/240.–, Suite CHF 240.–/360.–, Frühstücksbuffet, Taxen, MwSt inbegriffen.

Lage
An idealer Verkehrslage zwischen Zug und Cham mit einer wunderschönen Aussicht auf den Zugersee und die Berge der Zentralschweiz, mitten im grünen Delta der alten Lorze.

Zimmer
Grosszügige Classic-Zimmer und attraktive Junior- sowie Longstay-Suiten, alle mit Dusche oder Bad, Schreibmöglichkeit, Kabel-TV, Telefon, Tee- und Kaffeeservice sowie Minibar. Internet: W-LAN. Bei längeren Ferien: Kochgelegenheit.

Küche
Attraktives Original-Swiss-Frühstücksbuffet. Hotelrestaurant «swissbistro» mit origineller Cocktailbar, im Sommer attraktive Hotelterrasse, wo man bei einer Hausspezialität und einem Glas Wein Abstand zum Alltag findet. Im Winter: Hausspezialität Zuger Chäs-Fondue.

Freizeit/Kultur
Gut ausgebautes Radweg- und Inline-Skating-Netz, Bademöglichkeiten im See, Schifffahrten, Höllgrotten in Baar, Wanderparadies Zugerberg, Altstadt Zug.

fensterplatz

TESSIN – TICINO

TI   **ASCONA**
FART Locarno–Ascona, Locarno 3 km, Bellinzona 23 km

HOTEL MICHELANGELO

Charmantes kleines Hotel mit viel Eleganz und Individualität. – Hier ist man dem Himmel ein Stück näher!

6612 Ascona, Via Collina 81
(Lago Maggiore, 230 m ü. M.)
Tel. 091 791 80 42, Fax 091 791 67 32
www.michelangelo-hotels.ch
michelangelo@ticino.com
Sibilla Piazzoni, Direktion
★★★ Hotel
17 Zimmer, 34 Betten

Fensterplatz-Spezialangebot:
3 Nächte im Doppelzimmer
für CHF 300.– pro Person inkl.
Frühstücksbuffet.

Saison
Februar bis November.
Preise
DZ CHF 200.–/300.– inkl. Sekt-Frühstücksbuffet. Zuschlag für HP CHF 35.– .
Ab 10 Nächten 10% Rabatt.
Lage
Absolut ruhig unterhalb des Monte Verità gelegen, mit traumhafter Sicht über den Lago Maggiore, die Brissago-Inseln und die Tessiner Alpen. 10 Minuten zum See und zum Zentrum des Künstler- und Fischerdorfes.
Zimmer
Exquisit und individuell gestaltete Zimmer mit Stil, sämtliche mit grossem Badezimmer, Telefon, TV, Radio, Schliessfach, Minibar und Balkon oder privatem Garten.
Küche
Anspruchsvolle Küche im gediegenen Restaurant mit internationalen und mediterranen Köstlichkeiten sowie Tessiner Spezialitäten. Der Patio ist die Alternative zum Restaurant – unter dem meist blauen Himmel tafeln Sie wie die Götter ...
Sport/Freizeit
Schwimmen im beheizten Schwimmbad, Whirlpool, Dampfbad. Idealer Ausgangspunkt für erholsame Spaziergänge oder Wanderungen in der Umgebung von Ascona, Schifffahrten auf dem Lago Maggiore (Brissago-Inseln), Kultur in der Umgebung oder einen Ausflug in die Designerstadt Milano.
Besonderes
Persönliche Betreuung der Gäste.

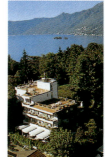

TI   ASCONA

FART Locarno–Ascona, Bellinzona 23 km, Zürich 196 km

HOTEL RIPOSO

Mediterranes Lebensgefühl und ungekünstelte Gastfreunschaft im romantischen Boutique-Hotel, das aus einem ursprünglichen Tessiner Haus entstanden ist und heute in harmonischer Weise das künstlerische Schaffen der Inhaberfamilie präsentiert.

6612 Ascona (Lago Maggiore, 196 m ü. M.)
Tel. 091 791 31 64, Fax 091 791 46 63
www.hotel-riposo.ch
info@hotel-riposo.ch
Familie Irene und Ruedi Studer
★★★ Hotel
Individuelles Haus
mit viel Charme, 60 Betten.

Fensterplatz-Spezialangebot:
Ein schönes Romantik-Zimmer mit Dusche/WC, inkl. Tessiner-Frühstücksbuffet. – Zur Einstimmung … ein Prosecco auf der schönen Panorama-Terrasse. Für CHF 200.– pro Tag für zwei Personen.

Saison
März bis Oktober.
Preise
CHF 100.–/150.– im EZ,
CHF 210.–/290.– im DZ,
inkl. Frühstücksbuffet;
HP-Zuschlag CHF 25.–. Spezielle Familienzimmer.
Lage
Einmalig ruhige Lage im pittoresken Dorfkern von Ascona, wenige Schritte vom See und der berühmten Piazza entfernt. Grosser Dachgarten mit wunderschöner Aussicht auf den Lago Maggiore.
Zimmer
Gemütliche, sehr individuell gestaltete Zimmer mit liebevollen Details. Mit Balkon, Terrasse oder Sonnenloggia, grösstenteils mit Seesicht.
Küche
Feine marktfrische Küche mit italienischem Akzent. Diäten auf Wunsch. Schönes Restaurant mit idyllischem Innenhof.
Sport
Fitnessraum, neugestaltetes beheizbares Schwimmbad, City- und Mountainbikes, begleitete Wanderungen. 18-Holes-Golfplatz am See, Tennis usw. zu Fuss erreichbar.
Besonderes
Kunstwerke der Familie, (Malerei, Keramik) geben dem Haus seine besondere Atmosphäre. Wöchentliche Live-Konzerte der Jazz- & Blues-Band des Gastgebers. Schöne Ferienwohnungen in der angrenzenden Residenza RIPOSO.

TI   **ASCONA/PORTO RONCO**

FART Locarno–Ascona, Locarno 3 km, Bellinzona 23 km

HOTEL LA ROCCA

«Klein, aber fein»: Eines der kleinsten Viersternehotels der Schweiz, in einzigartigem subtropischem Hotelgarten mit vielen seltenen Pflanzen gelegen.

6613 Porto Ronco
(Lago Maggiore, 196 m ü. M.)
Tel. 091 785 11 44, Fax 091 791 40 64
www.la-rocca.ch
hotel@la-rocca.ch
Leitung: Familie F. Krähenmann
★★★★ Hotel, im Tessiner Stil,
21 Doppelzimmer, 42 Betten

Fensterplatz-Spezialangebot:
3 Nächte inkl. Halbpension CHF 525.–
pro Person, vom 10. Oktober bis
17. Oktober 2004.

Saison
Geöffnet von März bis Oktober.
Preise
DZ CHF 215.–/250.– (bei Einzelbenutzung), CHF 165.–/225.– (bei Doppelbenutzung), Junior-Suiten CHF 225.–/240.–.
Preise pro Person, inklusive Frühstücksbuffet. Pauschalarrangements auf Anfrage.
Lage
Etwas erhöht, mit freier Sicht über den Lago Maggiore und die Brissago-Inseln.
Zimmer
Geschmackvoll-elegant eingerichtet, alle mit Bad/Dusche, WC, Haartrockner, Bademantel, Minibar, Safe, Telefon, Radio-TV sowie Balkon und See-Sicht.
Küche
Italienische und französische Küche, Gala-Dîner, Tessiner Abend, Halbpensions-Dîner mit mehrgängigem Auswahlmenü.
Sport/Wellness
Hallenschwimmbad mit Massage-Anlage, Fitnessraum, Solarium, div. Liegewiesen, eigener Privatstrand am See mit Dusche, Umkleidekabine, Getränke-Bar, Grill, Bootssteg und Pedalo für die Hotelgäste (gratis). Golfarrangements mit Ascona, Losone, Lugano, Oberitalien.

TI   **BRISSAGO**

FART Bus Nr. 21 Locarno–Brenscino

PARKHOTEL BRENSCINO

*Dolce far niente zwischen See und Himmel –
eine Oase für kleine und grosse Geniesser an
der Grenze zu Italien.*

6614 Brissago, Via Sacro Monte 21
(Lago Maggiore, 196 m ü. M.)
Tel. 091 786 81 11, Fax 091 793 40 56
www.brenscino.ch
info@brenscino.ch
Martin Faes, Direktor
★★★ Hotel, 92 Zimmer, 170 Betten

*Fensterplatz-Spezialangebot:
Übernachtung im DZ mit prächtiger
Aussicht auf den Lago Maggiore,
exquisites Frühstücksbuffet inbegriffen;
CHF 95.– p. P. (je nach Verfügbarkeit).*

Saison
Geöffnet 20. März bis 5. November.

Preise
DZ Seeseite CHF 122.–/144.–,
DZ Bergseite CHF 104.–,
EZ CHF 131.–/141.– pro Person/Tag,
Halbpension inbegriffen. Appartement
für 2–6 Personen ab CHF 346.–.

Lage
Etwas oberhalb von Brissago in
subtropischem Park (38'000 m²)
gelegen, mit phänomenaler Aussicht
auf den Lago Maggiore. Hier gibt
es viele Wege, Stiegen, Terrassen und
Winkel zu entdecken!

Zimmer
Moderne ruhige Zimmer mit allem
Komfort; alle verfügen über einen Balkon
mit Panorama-Aussicht.

Küche
Exzellente marktfrische Küche im
A-la-carte-Restaurant «Brenscino blu» sowie
auf der Terrasse, musikalische Begleitung
inbegriffen. Gastronomischer Anziehungspunkt für Gäste wie Einheimische.

Freizeit/Kultur
Pool-Landschaft mit Bar, Minigolf-Anlage,
Tennisplatz, Kegelbahn, Pétanque, Kinderspielplatz,
Ping Pong, Billard, Sauna. Die Gegend um den
Lago Maggiore bietet viele Ausflugsmöglichkeiten.

Besonderes
Ausgezeichnet als ideales Hotel für Familien mit
Kindern.

TI   **BRISSAGO**

FART Locarno–Ascona–Brissago; Locarno 9 km

HOTEL MIRTO AL LAGO

Grenzen überschreiten: Von der Alltagshektik in die paradiesische Ruhe und in ein entdeckenswertes Italien, das vor der Haustüre liegt.

6614 Brissago
(Lago Maggiore, 196 m ü. M.)
Tel. 091 793 13 28, Fax 091 793 13 33
www.hotel-mirto.ch
info@hotel-mirto.ch
Familie Uffer
★★★ Hotel
23 Zimmer, 44 Betten

*Fensterplatz-Spezialangebot:
Übernachtung im DZ mit Balkon, inkl.
Frühstücksbuffet, CHF 92.– pro Person.*

Saison
Ende März bis Ende Oktober.
Preise
Einzelzimmer CHF 150.– (ab 4. Nacht CHF 140.–), Doppelzimmer CHF 185.– bis CHF 280.– (ab 4. Nacht CHF 175.– bis CHF 270.–), inkl. Frühstücksbuffet. Zusatzbett inkl. Frühstücksbuffet CHF 45.–. Garage CHF 12.–/Box CHF 6.–.
Lage
Das einzige direkt am See gelegene Hotel in Brissago. Ausgesprochen ruhig, da es fernab von jedem Durchgangsverkehr liegt.
Zimmer
Alle Zimmer mit Bad/WC oder mit Dusche/WC, TV, Radio, Minisafe. Alle Zimmer zum See verfügen entweder über einen Balkon oder über eine Terrasse.

Küche
Sehr gepflegte Küche. Grosse Auswahl an Weinen. Täglich frischer Fisch aus dem Lago Maggiore.
Sport/Erholung
Sämtliche Wassersportarten auf dem See, Tennis, Wandern, Biking, Jogging.
Besonderes
Grosse Dachterrasse mit Swimming-Pool, Tischtennis. Gemütliche Hausbar. Hoteleigene Garage.

TI **CASLANO/LUGANO**

FLP Lugano–Ponte Tresa, Lugano 8 km, Zürich 210 km

ALBERGO GARDENIA

Eine Oase mit unvergleichlichem Duft: Umgeben von einem blumenreichen, subtropischen Park, inmitten von Grün, Kamelien, Oleander und Gardenien verbinden sich Dolce-far-niente, Gastronomie und Kunst harmonisch.

6987 Caslano, Via Valle
(Lago di Lugano, 276 m ü. M.)
Tel. 091 611 82 11, Fax 091 611 82 10
www.albergo-gardenia.ch
albergo-gardenia@bluewin.ch
Andreas Messmer
★★★★ Hotel
44 Betten

Spezielle Golf-Angebote auf den Golfplätzen Magliaso und Lugano sowie auf 14 nahe liegenden Golfplätzen Oberitaliens.

Saison
April bis Oktober.

Preise
EZ CHF 190.–, DZ CHF 300.–/400.–, Juniorsuite CHF 460.–, inkl. Frühstücksbuffet, Liegestuhl am geheizten Schwimmbad und Bademantel, Benützung der Mountainbikes usw. Diverse Pauschalarrangements auf Anfrage.

Lage
Sehr ruhige Lage. In der Nähe des Sees und des alten Dorfkerns von Caslano.

Zimmer
Die stilvoll gestalteten Zimmer werden zum Kunsterlebnis. Alle sind ruhig gelegen und mit überdurchschnittlichem Komfort ausgestattet.

Küche
Im Restaurant «Bacco» finden die marktfrische, mediterran inspirierte Küche mit regionalen Spitzenweinen zur perfekten Harmonie. Ursprüngliches Tessin im Grotto «Valle» mit einfachen Tessiner Spezialitäten.

Sport/Freizeit
18-Hole-Golfplatz, geheiztes Schwimmbad, hoteleigene Mountainbikes, Joggen und Wandern, Wassersport.

Besonderes
Das sanft renovierte Haus beherbergt eine Kunstsammlung aus Bildern und Skulpturen.

TI   **LOCARNO**
Bahn Bellinzona-Locarno

RAMADA-TREFF Hotel Arcadia

Ferienlaune und italienische Lebensart am Lungolago Locarnos.

6601 Locarno, Lungolago G. Motta
(Lago Maggiore, 220 m ü. M.)
Tel. 091 756 18 18, Fax 091 756 18 28
www.ramada-treff.ch
arcadia@ramada-treff.ch
Leitung: Rita Csaszar, Direktorin
★★★★ Hotel
90 Zimmer, 180 Betten

*Fensterplatz-Spezialangebot:
Weekend-Special ab CHF 95.– p. P. und Nacht, inkl. Frühstücksbuffet und einem Glas Prosecco.*

Saison
März bis Oktober.

Preise
EZ CHF 150.–/200.–, DZ CHF 135.–/165.– p. P., inkl. Frühstücksbuffet sowie freier Zugang zum Aussenpool, Sauna, Benutzung der Fahrräder, Kanus, Tischtennis. Appartements (mind. 2 Personen) CHF 160.– bis 180.– p. P. und Nacht.

Lage
Das RAMADA-TREFF Hotel Arcadia liegt direkt an der Seepromenade des Lago Maggiore, in der Nähe des Stadtzentrums und nur wenige Gehminuten vom Bahnhof entfernt.

Zimmer
Alle Zimmer mit Bad/WC, Haartrockner, Telefon, Radio, TV, Minibar, Klimagerät, Balkon. Die vierte Etage ist für Nichtraucher reserviert. Typ I = ca. 40 m^2, Typ II = ca. 80 m^2

Küche
Wechselnde, dem saisonalen Angebot angepasste Köstlichkeiten mit italienischem Flair. Pasta-Buffet, Mercato Ticinese (Tessiner-Spezialitäten, Dessertbuffet), Grillabende auf der Gartenterrasse, von Juni–September bei schöner Witterung.

Sport/Erholung
Gartenpool, Sauna, ein paar Fitnessgeräte, Tischtennis, Kanus und ein Fahrradverleih (kostenlos), Solarium (gegen Gebühr) im Haus. In der Nähe: Schwimmbad, Tretboot-Verleih, Schiffsanlegestelle, Minigolfplatz, Golfplätze und vieles mehr.

Besonderes
Beliebte Ausflugsziele sind die vielen Täler mit ihren typischen Dörfern und alten Kirchen: das Maggiatal, das Centovalli und das Verzascatal.
Im Alprose Schokoladen-Museum erfährt man alles über die Geschichte und die Produktion der Schokolade von den Anfängen bis in die heutige Zeit. In Locarno fehlt es nicht an Unterhaltung und Sonnenschein.

TI **LOCARNO/MINUSIO**
FART Locarno–Minusio, Ascona 6 km, Chur 130 km

ALBERGO GARNI REMORINO

Erstklasshotel der besonderen Art, dessen südlichem Charme man auf Schritt und Tritt erliegt: im grosszügigen Foyer, beim Frühstück auf der Terrasse, im Garten mit der üppigen, mediterranen Vegetation, am Pool... Ein Ort der feinen Töne.

6648 Minusio/Locarno
(Lago Maggiore, 220 m ü. M.)
Tel. 091 743 10 33, Fax 091 743 74 29
www.remorino.ch, albergo@remorino.ch
Gastgeber: Sonja und Pascal Kirchlechner
★★★★ Hotel-Garni QQ
25 Zimmer, 46 Betten

*Fensterplatz-Spezialangebot:
12.–26. März und 10.–31. Oktober:
CHF 80.– pro Person im Doppelzimmer inkl. Frühstücksbuffet.*

Saison
März bis Oktober.
Preise
EZ CHF 80.–/145.–, DZ CHF 160.–/308.–, je nach Aufenthaltsdauer und Jahreszeit. DZ in Einzelbelegung CHF 30.– Reduktion. Preise inklusive Frühstücksbuffet (oder inklusive Flausch-Frühstück im Bett), Schwimmbad-Zugang, Benützung der hoteleigenen Fahrräder, Welcome-Apéro, Parkplatz.

Lage
An zentraler, wunderbar ruhiger Lage, nahe beim See, neben dem alten Dorfkern von Minusio. Eingebettet ins Tessiner Ambiente.
Zimmer
Stilvoll eingerichtete Zimmer mit Bad/WC oder Dusche/WC, TV, Radio-Wecker, Telefon, Bademantel. Unsere neu renovierten Doppelzimmer sind mit Klimaanlage ausgestattet; Balkon oder Terrasse mit Seesicht.
Sport/ Erholung
Ideale Ausgangsbasis, um das Tessin zu entdecken und für Aktivitäten verschiedenster Art: für Höhenwanderungen wie für Wassersport, für Golf wie für ruhige Stunden unter Weinreben in einem Grotto, für kulturelle Entdeckungsreisen wie für einen Einkaufsbummel in Locarno oder Mailand, für Bootsfahrten auf dem See wie für Bike-Touren...

Besonderes
Etwas, wovon alle unsere Gäste profitieren: unsere grosse Liebe zum Detail.

TI   **LUGANO**
SBB Bellinzona–Chiasso

HOTEL FEDERALE

Zentrales Stadthotel mit Charme und Charakter, den es sich in rund 80 Jahren Familienbesitz erworben hat.

6903 Lugano,
Via Paolo Regazzoni 8
(Luganersee, 272 m ü. M)
Tel. 091 910 08 08
Fax 091 910 08 00
www.hotel-federale.ch
info@hotel-federale.ch
Roland Galliker
★★★ Hotel, 52 Zimmer

*Fensterplatz-Spezialangebot:
Ganzjährig: 2 Personen/2 Nächte
CHF 390.– im Standard-DZ, inkl. reichhaltigem Frühstücksbuffet, Welcome-Drink und 4-Gang-Dîner an einem Abend, 1 Panettone/Zimmer zum Mitnehmen. Upgrade zu Comfort-DZ in den Monaten Februar, März, November und Dezember.*

Saison
Von Februar bis Dezember.
Preise
EZ CHF 140.–/160.–, DZ CHF 190.–/260.–, Juniorsuite CHF 260.–/280.–, inkl. Frühstücksbuffet. HP CHF 33.–, VP CHF 55.–. Diverse Pauschalarrangements auf Anfrage.
Lage
In parkähnlicher Landschaft an zentraler, erhöhter Lage nahe der Kathedrale San Lorenzo und des Bahnhofs gelegen (Postautohaltestelle und Shuttle-Bus nach Milano Malpensa). Die Altstadt und Seepromenade sind in wenigen Minuten zu Fuss erreichbar.
Zimmer
Komfortable Zimmer mit Bad/WC oder Dusche/WC, Telefon, TV, Radio.
Viele Zimmer mit Balkon und einige mit Seeblick. Ruhige Zimmer zur Fussgängerzone.
Küche
Gepflegtes Abendessen im hoteleigenen Restaurant «San Lorenzo» oder im Sommer auf der Gartenterrasse mit Tessiner und italienischen Spezialiäten oder saisonaler Auswahl.
Freizeit/Kultur
Im Hotel: Sauna, Sprudelbad und Fitnessraum. Verschiedene Wassersportarten in der Nähe, zahllose Möglichkeiten für Ausflüge und Wanderungen sowie reichhaltiges kulturelles Angebot: Für Körper und Geist ist in Lugano alles vorhanden.
Besonderes
W-Lan im Erdgeschoss und auf der Gartenterrasse. Online buchen unter www.hotel-federale.ch

TI LUGANO
SBB Lugano Paradiso, oder Bus Nr. 2 «Paradiso Stazione»

HOTEL PARCO PARADISO

In der Ferieninsel mit Stil erwarten den Gast eine weltoffene, herzliche Atmosphäre und Annehmlichkeiten bis ins kleinste Detail.

6900 Lugano, Via Carona 27
Tel. 091 993 11 11
Fax 091 993 10 11
www.parco-paradiso.com
info@parco-paradiso.com
★★★★ Hotel, 65 Zimmer/Suiten

Aktuelle Fensterplatz-Spezialangebote unter:
www. parco-paradiso.com

Saison
Dezember bis April und Juni bis Oktober.
Preise
Preise für 2 Personen, je nach Saison und Lage: DZ CHF 270.–/340.–,
Junior Suite CHF 300.–/400.–,
2-Zimmer Suite CHF 320.–/440.–,
3-Zimmer-Attika Suite CHF 440.–/680.–,
inbegriffen sind reichhaltiges Frühstücksbuffet und freie Benutzung des Wellnessbereichs.
HP CHF 50.–.
Lage
Grosszügige Anlage in gepflegtem Park und unmittelbarer Stadtnähe, mit Sicht auf den Golf von Lugano.
Zimmer
Sehr geschmackvolle, renovierte Zimmer/Suiten in warmen, beruhigenden Farben, alle mit Bad/Dusche/WC, Kabel- und Pay-TV, Safe, Minibar, Terrasse/Balkon, Telefon-, Modem- und Faxanschluss. Die Penthouse Suiten bestehen aus zwei Schlafzimmern mit eigenem Bad/Dusche, WC, einem geräumigen Wohnraum mit See- und Alpensicht sowie zwei grossen Balkonen (bis 4 Personen).
Küche
Mediterrane, karibische und asiatische Küche im Restaurant «La Favola» (mit Terrasse). Japanische Spezialitäten/Sushi im «Tsukimi Tei». Kubanische Bar «Havana Deck» mit unvergleichlichem Blick über den Luganersee.
Sport/Erholung
Panorama-Schwimmbad, Sauna, Dampfbad, Solarium, Fitnessraum, Squash.

TI   **LUGANO-PARADISO**

Flughafen Lugano-Agno 8 km, ZH-Kloten 242 km, Milano 85 km

PARKHOTEL VILLA NIZZA

Ob auf den See, den San Salvatore oder auf den Park: Hier gibt's in jeder Hinsicht nur schöne Aussichten!

6902 Lugano-Paradiso, Via Guidino 14
(Lago di Lugano, 272 m ü. M.)
Tel. 091 994 17 71, Fax 091 994 17 73
www.villanizza.com,
hotelnizza@swissonline.ch
Autobahnausfahrt LUGANO SUD,
nach McDonald rechts hoch,
beim Stop links hinunter
Ihre Gastgeber: Familie Quadri/Müller
★★★ Oase im Grünen
20 Zimmer und 4 Juniorsuiten

*Fensterplatz-Spezialangebot:
Träumen, sich freuen, liebevoll umsorgt sein... – 1 Übernachtung im DZ inkl. Frühstücksbuffet ab CHF 80.– (bis 1.6.2004), danach ab CHF 90.– pro Person.*

Saison
Zirka Mitte März bis Ende Oktober.
Preise
EZ CHF 120.–/170.–
DZ CHF 170.–/260.–
Juniorsuiten CHF 270.–/330.–
mit Frühstücksbuffet, alles inkl.
Lage
Leicht erhöht am Waldrand, inmitten eines subtropischen Parks und doch nur wenige Gehminuten von der Seepromenade entfernt.
Zimmer/Einrichtung
Verschiedene Zimmerkategorien, Juniorsuiten und Zimmer mit Verbindungstür. Komfortable Aufenthaltsräume und Panorama-Bar. Ab 2005 Appartements mit Kitchenette/Küche.
Küche
Snacks, internationale und regionale Spezialitäten. Eigener Gemüse-/Früchteanbau und Rebberg. (Haus-Merlotwein bester Qualität, welchen wir den Gästen zu einem Sonderpreis anbieten).
Sport/Entspannung
Geheiztes Schwimmbad, Whirlpool, Tischtennis und Tischfussball, Pétanque usw. Anschliessend an den Hotelpark: Panorama-Anlage mit Bänken und Spazierwegen, Kinderspielplatz und Trimmweg (3 km). Neu: AYURVEDA-Therapie und -Massagen für ein komplettes Wohlbefinden. (Eine sanfte Behandlungsmethode in einer rauhen Zeit!)
Besonderes
1 x wöchentlich Cocktail-Party und urchiges Tessiner-Bauernfrühstück, bei warmem Wetter Essen im Garten. 3 x täglich gratis Hotelbus-Service zum See und zurück.

TI LUGANO/BISSONE

SBB, PTT oder Schiff ab Lugano, Lugano 7 km, Milano 77 km

HOTEL CAMPIONE

Teils rollstuhlgängiges Hotel mit besonderem Ambiente: Italy made in Switzerland ...

6816 Bissone/Lugano
Via Campione 62
Tel. 091 640 16 16, Fax 091 640 16 00
www.hotel-campione.ch
info@hotel-campione.ch
Leitung: Familie Rast-Candrian
★★★ Hotel
40 Zimmer, 65 Betten

*Fensterplatz-Spezialangebot:
Übernachtung inkl. Welcomedrink und Früchtekörbchen CHF 100.–/Nacht.*

Saison
Ende Dezember bis Ende November.
Preise
EZ CHF 92.–/150.–, DZ CHF 140.–/230.–, inkl. Frühstücksbuffet; Aufpreis für HP CHF 36.–, für VP CHF 52.–. Verschiedene Spezialarrangements.

Lage
7 km von Lugano entfernt, 1 km ab Autobahnausfahrt Melide/Bissone/Campione, am Tor zu Campione d'Italia (mit Spielcasino). Herrliche Aussichtslage. Gäste, die mit öffentlichen Verkehrsmitteln anreisen, werden in Lugano abgeholt.
Zimmer
Stilvolle Zimmer und Appartements mit jeglichem Komfort: Bad/WC oder Dusche/WC, Radio, TV, Telefon, Minibar, Wecker und Zimmer-Safe, viele mit Balkon oder Garten. Teilweise klimatisiert.
Küche
Raffinierte italienische wie auch einheimische Küche, Fischspezialitäten. Panorama-Restaurant mit 80 Plätzen für alle Ansprüche, Apéro-, Cocktail- und Digestif-Bar, Terrassenrestaurant.
Sport/Erholung
Schwimmbad, Tischtennis, Gartenschach und Vita Parcours in der Nähe. Ausgangspunkt für kulturelle oder touristische Ausflüge: San Salvatore, Monte Brè, Monte Generoso, Monte Tamaro, Monte Lema, die Castelli von Bellinzona, Swissminiatur in Melide, Schweizer Zollmuseum, Gandria, Museum Hermann Hesse in Montagnola usw.

TI   LUGANO/CADRO
PTT Lugano–Cadro–Sonvico, Lugano 5 km, Bellinzona 28 km

CENTRO CADRO
PANORAMICA

6965 Cadro
(über dem Luganersee, 456 m ü. M.)
Tel. 091 936 07 07, Fax 091 936 07 08
www.cadro-panoramica.ch
cadro-panoramica@bluewin.ch
Leitung: Yves Wellauer
★★★★ Ferien-, Sport- und Seminarhotel, 36 Doppelzimmer, 48 Rustici,
74 Ferienwohnungen

Ferien, Trainingswochen oder Weekends im wohl bekanntesten Sport- und Ferienzentrum der Südschweiz !

Fensterplatz-Spezialangebot:
6 Übernachtungen (So–Sa) im DZ CHF 549.–
p.P. inkl. Frühstück, Tenniskurs (Mo–Fr, täglich 2 Std.), Hallenbad, Sauna, Whirlpool, Minigolf, Kraftraum. Nur gültig
24.10.–30.10.04, 31.10.–6.11.04, 7.–13.11.04, 14.11.–20.11.04. Pauschal-Zuschlag für
EZ CHF 100.–. Ohne Tenniskurs: CHF 449.– pro Person im Doppelzimmer.

Saison
Ganzjährig geöffnet.
Preise
DZ pro Tag und Person: Zwischensaison CHF 100.–/130.–, Hochsaison CHF 130.–/160.–. EZ-Zuschlag CHF 30.–, HP CHF 32.–, inkl. Frühstücksbuffet, Hallenbad, Sauna, Whirlpool, Swimmingpool, Freizeiträume, Parkplatz oder Garage, Gymnastiksaal, Minigolf, Tischtennis und Animationsprogramm. Vermietung von Rustici/Ferienwohnungen.
Lage
An einzigartiger Aussichtslage auf zwei gegen Süden und Südwesten geneigten Sonnenhängen.
Zimmer
Alle mit Bad/WC oder Dusche/WC, grossem Balkon bzw. Terrasse, Telefon, Radio, TV, Haartrockner und Minibar.

Küche
Rôtisserie für gehobene Gastronomie, gedeckte Aussichtsterrasse. Grottino mit Pizzeria sowie Tessiner Spezialitäten.
Sport/Erholung
16 Tennisplätze, zwei davon in der Halle, Squashcourts, Minigolfanlage, Hallen- und Aussenbad, Sauna, Whirlpool, Kraftraum, Solarium, Massage- und Kosmetikstudio. Sportprogramme.

TI LUGANO/CARONA

PTT Lugano–Carona, Lugano 8 km, Bellinzona 40 km

HOTEL VILLA CARONA

200jähriger charmanter Patrizierbesitz mit einer langen und reichen Geschichte im tausend Jahre alten Künstlerdorf, welches Hermann Hesse oft und gern besuchte.

6914 Carona
(Luganese, 602 m ü. M.)
Tel. 091 649 70 55, Fax 091 649 58 60
www.villacarona.ch
info@villacarona.ch
Leitung: Familie C. Wirth
★★★ Hotel QQ
40 Betten
Relais du Silence/Silence Hotels

*Fensterplatz-Spezialangebot:
«Die Ruhe geniessen lernen»
Im Monat März gewähren wir 10 %
Frühlingsermässigung.*

Saison
März bis Ende Oktober.
Preise
EZ CHF 95.–/135.–, DZ CHF 190.–/210.–, Suiten CHF 220.–/240.–. Wochenarrangements ab CHF 595.–. Spezialangebote für Familien.
Lage
10 Autominuten von Lugano, zwischen dem Monte San Salvatore (912 m) und dem Monte Arbostora (822 m), etwas oberhalb des Dorfes inmitten einer prächtigen Gartenanlage gelegen.
Zimmer
Jedes Zimmer ist individuell eingerichtet und mit vielen antiken Schmuckstücken ausgestattet.
Küche
Italienische Küche sowie regionale Tessiner Spezialitäten. Frühstück auf der Sonnenterrasse.

Sport/Erholung
Sportzentrum mit Tennisplätzen, Minigolf und Schwimmbad in nur 300 Meter Entfernung. Wanderungen in herrlichen Kastanienwäldern. Schöne Bikingstrecken und Joggingrouten für Fitnessbewusste. Botanischer Garten «San Grato» mit 30'000 m² Azaleen und Rhododendren. Shopping oder kulturelle Aktivitäten im nahegelegenen Lugano.
Besonderes
Sehenswerte Baudenkmäler, fünf Kirchen.

TI LUGANO/GANDRIA

SBB Zürich–Gotthard–Lugano, Schiff, Lugano 5 km, Bellinzona 40 km

---

HOTEL MOOSMANN, «CÀ DEL LAGO»

Romantisches, autofreies Dorf am Fuss des Monte Bre, direkt am Luganersee. Hunderte von Treppen, verwinkelte Gässchen und Höfe, ineinander verschachtelte Steinhäuser inmitten einer südländischen Vegetation prägen das malerische Dorfbild.

6978 Gandria
(Lago di Lugano, 272 m ü. M.)
Tel. 091 971 72 61, Fax 091 972 71 32
www.hotel-moosmann-gandria.ch
hotel_moosmann@bluewin.ch
Leitung: Familie Moosmann
★★★ Hotel, 55 Betten

*Fensterplatz-Spezialangebot:
Miniferien: ab 3 Nächten pro Person/Nacht
CHF 69.–/98.– (mit Seesicht) inkl.
Frühstückbuffet.*

Saison
Von Ende März bis Ende Oktober.
Preise
EZ CHF 79.–/142.– DZ CHF 128.–/216.– (je nach Zimmerlage und Aufenthaltsdauer), inklusiv Frühstücksbuffet. Zuschlag HP CHF 34.–, Zusatzbett CHF 34.–.
Lage
Fünf Kilometer von Lugano entfernt. Das Hotel liegt unmittelbar am Ufer und verfügt über eine Liegewiese am See.
Zimmer
Alle mit Bad/WC oder Dusche/WC, Haartrockner, Radio, TV, Telefon und Minibar, die meisten auch mit Balkon und Blick auf den See.
Restauration
Speisesaal und sonnige Terrasse direkt am See. Abwechslungsreiche und schmackhafte Vollwertküche; auf Wunsch werden auch vegetarische Mahlzeiten angeboten.
Sport/Erholung
Gandria und insbesondere das Hotel Moosmann sind eine kleine romantische Oase der Ruhe und des Wohlbefindens, aber auch Ausgangspunkt für Spaziergänge, Wanderungen und Ausflüge.
Besonderes
Parkplätze finden sich beim Dorfeingang, ca. 100 Meter vom Hotel entfernt. Zur Anlieferung des Gepäcks kann aber auch näher ans Hotel herangefahren werden.

LUGANO/MELIDE

Bahn oder PTT Lugano–Melide–Morcote, Lugano 7 km, Bellinzona 40 km

ART DECO HOTEL DEL LAGO

Zeitgeist und mediterrane Lebensqualität direkt am Luganersee ...

6815 Melide, Lungolago Motta 9
(Lago di Lugano, 272 m ü.M)
Tel. 091 649 70 41, Fax 091 649 89 15
www.hotel-dellago.ch
welcome@hotel-dellago.ch
Konzept & Management
by Brooklands Hospitality
★★★ Boutique Hotel, 33 Betten

Fensterplatz-Spezialangebot:
Schnörkellos: Streetlive
Style Rooms ab CHF 95.–
pro Person & Nacht

Saison
Ganzjährig geöffnet.
Preise
Doppelbelegung ab
CHF 190.– bis CHF 360.–,
Laze & Dine Zweitages-
Special ab CHF 225.–
pro Person
Lage
Zeitgeist und mediterrane
Lebensqualität direkt
am Luganersee. Aussichten
zum Träumen, Panorama-
fenster, Terrassen und

Balkone in Richtung Morgensonne und der See in tausend verschiedenen Stimmungen: das perfekte Hideaway für eine genussvolle Stadtflucht.
Zimmer
Starke Farben und cool-entspannte Lässigkeit in unseren Style Rooms. Alle mit Compact Hifi-Anlage, W-LAN DSL Internetanschluss.
Küche
Erstklassige asiatisch-kalifornisch inspirierte Seafoodküche und exzellente Weine in edel-entspannter Atmosphäre im Restaurant direkt am See, im Sommer auf der Seeterrasse; die Sonne im Gesicht, das Wasser unter den Füssen und der pure Genuss aus den Meeren der ganzen Welt auf dem Teller.
Sport/Erholung
Ein paar Runden im See, eine Spazierfahrt mit dem Tretboot oder drei Stockwerke die Treppe hochsteigen, um dann entspannt auf der Dachterrasse einzudösen (viel Sonne schon im Februar).
Besonderes
Über 20 Whiskies, 30 offene Weine: prächtige Aussichten in der Art-Deco Lounge.

TI   MIGLIEGLIA
SBB Lamone –PTT Miglieglia, Lugano 16 km, Luzern 200 km

CASA SANTO STEFANO

Eine spezielle Atmosphäre erwartet Sie in den zwei typischen und stilvoll renovierten Tessinerhäusern aus dem 18. Jahrhundert im wildromantischen Malcantone.

6986 Miglieglia (Malcantone, 710 m ü. M.)
Tel. 091 609 19 35, Fax 091 609 19 89
www.casa-santo-stefano.ch
info@casa-santo-stefano.ch
Angeli und Christian Wehrli,
Gastgeberehepaar
Stilvoll renoviertes altes Tessinerhaus
30 Betten

*Fensterplatz-Spezialangebot:
Schnäppchen: Preisreduktion ab
4 Übernachtungen (anstatt CHF 64.–
nur CHF 59.– pro Person/Nacht im
Doppelzimmer).*

Saison
Ganzjährig geöffnet.
Preise
Pro Person inkl. Frühstücksbüffet:
DZ CHF 59.–/64.–, DZ-Suite
CHF 69.–/74.–, EZ CHF 71.–/76.–.
Lage
Im Südtessin (Malcantone), am Fusse des Aussichtsberges Monte Lema (Gondelbahn) in einem typischen Tessinerdorf, welches inmitten eines wildromantischen Wandergebietes mit Kastanienwäldern, Wildbächen und Wasserfällen liegt.
Zimmer
15 individuelle Zimmer, die nach Trauben und Kräutern benannt wurden, verteilen sich auf zwei Häuser. Alle Zimmer verfügen über Bad, WC, Telefon. Viele helle Aufenthaltsräume und zwei gemütliche Tessiner Wohnküchen. Romantische Terrasse.
Küche
Mit selbstgebackenem Brot und Zopf sowie hausgemachter Konfitüre und anderen Köstlichkeiten werden die Gäste zum Frühstück verwöhnt. Für das Mittag- und Abendessen kann zwischen einem typischen Tessiner Grotto und einem Ristorante mit Pizzeria gewählt werden.
Sport/Erholung
300 km Wanderwege direkt vom Haus aus (darunter die überwältigende Gratwanderung vom Monte Lema zum Monte Tamaro). Mountainbike-Routen, Reiten, Gleitschirmfliegen, Baden in Flüssen und Seen sowie in der nahegelegenen römischen Therme, italienische Märkte in der Nähe, Besuch bei Weinbauern. Massageangebot im Haus. Eigenes Kursprogramm. Neu: Sternwarte auf dem Monte Lema.
Besonderes
Gepflegte Einfachheit in einer einmaligen Umgebung.

TI   **VACALLO/CHIASSO**
PTT Chiasso–Vacallo/Lugano 20 km, Como 8 km, Milano 50 km

HOTEL RESTAURANT CONCA BELLA

6833 Vacallo/Chiasso
(Mendrisiotto, 535 m ü. M.)
Tel. 091 697 50 40, Fax 091 683 74 29
www.concabella.ch
concabella@bluewin.ch
Familie Ruth Montereale
★★★ Hotel, 17 Zimmer, 33 Betten

Hier lassen sich die Entdeckung des Mendrisiotto und des Comerseegebietes mit dem Genuss einer exquisiten Küche verbinden ... Ausprobieren!

Fensterplatz-Spezialangebot: Wann immer Sie kommen: Übernachtung CHF 80.– pro Person im Doppelzimmer inkl. Frühstück

Saison
Ganzjährig geöffnet.
Preise
EZ CHF 95.–/125.–,
DZ CHF 160.–/210.–, Spezialarrangement Fr. 380.–/400.–
(Übernachtung, Frühstück und gastronomisches Nachtessen für zwei Personen).
Lage
Das Hotel befindet sich in sonniger und ruhiger Lage 1 km oberhalb von Chiasso.
5 Minuten zum Comersee, 15 Minuten nach Lugano und 50 Minuten nach Mailand. Ausgangspunkt in das südlichste Alpental der Schweiz, das Valle di Muggio im Mendrisiotto, am Fusse des Monte Generoso und Monte Bisbino. Wunderschönes Tal zum Wandern und Biken.

Zimmer
Geschmackvoll eingerichtete Zimmer mit Bad/WC oder Dusche/WC, Haartrockner, Telefon, Minibar, TV, Radio.
Küche
Renommiertes A-la-carte-Restaurant (Mitglied Grandes Tables Suisse). Kreative, marktfrische Küche mit italienischer Inspiration. Erlesene Wein-Auswahl, besonders interessant für Weinliebhaber.
Sport/ Freizeit
Fitness, Schwimmbad, Tennis in unmittelbarer Nähe. Wandern, Biken und Mountainbiken. Golf in Oberitalien (15 Minuten) oder in Magliaso.

TI VIRA-GAMBAROGNO
SBB Bellinzona–Cadenazzo–Vira–Luino, Bellinzona 16 km

HOTEL BELLAVISTA

Die einzigartige Lage, die individuellen Wohnmöglichkeiten – keine langen Korridore mit Dutzenden von Zimmern links und rechts – und die ungezwungene Atmosphäre garantieren Ferienstimmung.

6574 Vira-Gambarogno
(am Lago Maggiore, 204 m ü. M.)
Tel. 091 795 11 15, Fax 091 795 25 18
www.hotelbellavista.ch
hotelbellavista@bluewin.ch
Leitung: Jeannette und Giovanni Gazzola
★★★ Hotel
63 Zimmer, 111 Betten

*Fensterplatz-Spezialangebot:
Kleine Französischbett-Zimmer, Seeseite, inkl. Swiss Zmorge ab CHF 85.–/100.–.
Mini Ferien: 2 Nächte inkl. Halbpension, pro Person/Tag ab CHF 124.–/148.–, je nach Standard.*

Saison
Mitte März bis Mitte November.
Preise
EZ CHF 115.–/130.–, DZ CHF 85.–/120.–
pro Person und Tag, Frühstücksbuffet inbegriffen. HP (ab 3 Tagen) CHF 30.–.
Interessante Pauschalen sowie Spezialangebote für Familien auf Anfrage.
Lage
Inmitten eines Parks mit südlicher Vegetation an einem sonnigen Hang über dem Langensee gelegen. Unvergleichliche Sicht auf den See und die wunderbare Tessiner Landschaft mit ihren Tälern und Bergen.
Zimmer
Alle Zimmer sind auf der Seeseite gelegen und verfügen über Dusche/WC, Privatterrasse, TV, Telefon, Haartrockner, Safe und Minibar.

Küche
Bekömmliche, auf das saisonale und lokale Angebot ausgerichtete Küche. Nach Möglichkeitmit wird alles im Haus frisch zubereitet (Pasta, Desserts). Fischspezialitäten aus dem Langensee. Abends 4-gängiges Menü und A-la-carte-Gerichte; mittags leichte Pasta-Gerichte oder Salatbuffet. Grosse, sich ständig erneuernde Weinkarte mit über 60 Weinen aus Italien, Frankreich und der näheren Tessiner Umgebung.
Sport/Erholung
Reiten, Minigolf, Tennis, alle Wassersportarten, Wandern, Naturschutzgebiet «Bolle di Magadino».

fensterplatz

MITTELLAND

Aargau
Basel
Bern
Solothurn
Freiburg

BL ARLESHEIM/BASEL
BLT Linie 10 ab Basel, Basel 7 km, Anschluss A1/A2

HOTEL GASTHOF
ZUM OCHSEN

4144 Arlesheim/Basel, Ermitagestr. 16
Tel. 061 706 52 00, Fax 061 706 52 54
www.ochsen.ch
gasthof@ochsen.ch
Daniel Jenzer, Hotelier
★★★★ Hotel, 35 Zimmer, 52 Betten

*Das komfortabelste und vielseitigste
Landhotel der Region Basel.
Hier wird Genuss gross geschrieben.*

*Fensterplatz-Spezialangebot:
Vom 18.7.–8.8.2004: EZ CHF 125.–, Grand-lit für
2 Pers.: CHF 160.–, DZ für 2 Pers.: CHF 175.–, DZ
Superior für 2 Pers.: CHF 210.–, Suite für 2 Pers.:
CHF 280.–. Inkl. reichhaltigem Frühstücksbuffet.
Für Mittag- und Abendessen bleibt unser
Restaurant geschlossen (Betriebsferien).*

Saison
Hotel ganzjährig geöffnet; Betriebsferien Restaurant 18. Juli bis 8. August 2004.
Preise
EZ CHF 144.-/225.–, DZ CHF 215.–/345.–, Suite CHF 210.–/400.–, Frühstücksbuffet
inbegriffen.
Lage
Im alten, gepflegten Dorfkern von Arlesheim, welches windgeschützt über dem
Flusslauf der Birs liegt, eingebettet in die sanften Ausläufer des Gempenplateaus.
Zimmer
Grosszügige, wohnliche Zimmer (wovon 20 Nichtraucherzimmer). Alle ausgestattet
mit Bad/Dusche, WC, Haartrockner, Telefon, Radio, Weckanlage, TV, Minibar, Wireless
LAN-Internetanschluss und SWISSFLEX-Betten.
Küche
Erstklassige und bekannte Marktküche in der Gaststube (ulmengetäfert und
geschichtsträchtig…) und im Ermitagestübli (eichengetäfert, mit beheizbarem
Kachelofen). Eigene Metzgerei, marktfrische Saisonprodukte und 450 Spitzenweine
geben das Gefühl, gut zu leben.
Freizeit/Kultur
In unmittelbarer Nähe liegt der
berühmte Englische Garten, die
Ermitage, in welchem die Natur
im Sinne von J. J. Rosseau
möglichst sich selbst über-
lassen bleibt, Schloss Birseck
und Burg Reichenstein,
Arlesheimer Dom mit weltbe-
kannter Silbermann-Orgel.
Goetheanum mit berühmten
Faust-Inszenierungen in
Dornach. Kultur und Stadt-
bummel im nahen Basel.

SO   **BALSTHAL**

SBB Zürich–Oensingen–Balsthal, Oensingen 3 km, Zürich 78 km

HOTEL KREUZ-KORNHAUS-RÖSSLI

Das Land-Gast-Höfliche Zentrum mit den drei historischen Gebäuden im Herzen des Juradorfes lädt ein, zu verweilen und den Augenblick zu geniessen.

4710 Balsthal, Falkensteinstrasse 1
(490 m ü. M.)
Tel. 062 386 88 88, Fax 062 386 88 89
www.seminarhotelkreuz.ch
kreuz@seminarhotelkreuz.ch
R. und D. Lappert; Peter Lässer, Direktor
★★★ Hotel, 4 Häuser mit 80 Zimmern, 140 Betten

*Fensterplatz-Spezialangebot:
Schnäppchen am Wochenende!*

Saison
Ganzjährig geöffnet.
Preise
Die Preise verstehen sich pro Zimmer inkl. reichhaltigem Frühstücksbuffet:
Kreuz: EZ CHF 89.–, DZ CHF 130.–/140.–; Kornhaus/Rössli: DZ zur Einzelbenützung CHF 140.–, DZ CHF 180.–; Motel: EZ CHF 105.–, DZ CHF 160.–
Lage
Über den oberen Hauenstein von Basel her sehr gut erreichbar, 5 km von der A1 Zürich-Bern (Ausfahrt Oensingen).
Zimmer
Geschmackvoll eingerichtete Zimmer verschiedenster Stilrichtungen mit Bad/Dusche, WC, Telefon mit Modemanschluss, TV und Minibar.
Küche
Landgasthöfliche und saisongerechte Küche in den verschiedenen Restaurants – von «währschaft» bis «exklusiv». Rössli-Bar und Gartenwirtschaft.
Sport/Freizeit
Hallenbad, Tennis- und Squash-Center im Dorf, Vita-Parcours. 18-Loch-Golf 15 Minuten entfernt. Verschiedene Ausflugsziele in Kürze erreichbar, so z. B. Burg Neufalkenstein, Solothurn; idealer Ausgangspunkt für Velotouren, Jura-Wanderungen usw.
Besonderes
Diverse, bestens eingerichtete Räumlichkeiten für Anlässe privater oder geschäftlicher Art.

BS BASEL

Badischer Bahnhof 500 m, Schweizer Bahnhof 2 km, Französischer Bahnhof 2 km, EuroAirport 5 km

RAMADA PLAZA Basel

Design Hotel im höchsten bewohnbaren Gebäude der Schweiz.

Fensterplatz-Spezialangebot:
Weekend-Culture in Basel: CHF 103.– p. P.
und Nacht im Superior-Zimmer inkl.
Frühstücksbuffet, Willkommenscocktail,
Stadtplan, Mobility Ticket und ein Eintritt
in einem ausgewählten Museum in
Basel (Spezialausstellungen auf Anfrage).

4058 Basel, Messeplatz 12
Tel. 061 560 40 00, Fax 061 560 55 55
www.ramada-treff.ch
basel.plaza@ramada-treff.ch
Leitung: Enrique Marlés, Direktor
★★★★ Hotel & Conference Center
224 Zimmer, 348 Betten

Saison
Ganzjährig geöffnet.
Preise
DZ ab CHF 150.– Zimmer/Nacht exkl. Frühstücksbuffet. Freie Benutzung von Sauna und Dampfbad.
Lage
Direkt an der Messe Schweiz. Leicht erreichbar über die Autobahn A5/Abfahrt Basel Nord (1 km), Schildern «Messe» folgen, mit der Bahn (Badischer Bhf. 500 m, SBB 2 km, Franz. Bhf. Basel 2 km) oder Flughafen EuroAirport (5 km). Mehrere Tramlinien halten direkt vor der Tür.
Zimmer
Klimatisierte und lärmgeschützte Designerzimmer und Suiten auf 14 Etagen mit Bad/Dusche/WC, Haartrockner, Schreibtisch, Kabel- sowie Pay-TV, Radio, Safe, Telefon, Analog- und ISDN-Anschluss und Minibar. Nichtraucherzimmer vorhanden.
Küche
Kulinarische Farbenspiele gemixt mit marktfrischen Zutaten, regionalen Köstlichkeiten und internationalen Spezialitäten findet man im Restaurant «Filou». Harmonische Augenblicke verbringt man an der Timeless Bar oder Checkpoint Bar in der Messeturmhalle.
Sport/Erholung
Sauna, Dampfbad und Solarium sorgen für Entspannung und Erholung. Basel bietet ein einmaliges Angebot an Kunst und Kultur und besitzt eine der am besten erhaltenen und schönsten Altstädte Europas. Besonders empfehlenswert ist eine Schifffahrt mit der Fähre.
Besonderes
Untergebracht im höchsten Gebäude der Schweiz, bietet das RAMADA PLAZA Basel Komfort auf Top-Niveau. Das First Class-Haus im Basler Messeturm eröffnet im Juni dieses Jahres im 30. Stock eine 140 m² grosse Executive Lounge, die – mit grandiosem Blick über die Stadt – in einer exklusiven Atmosphäre 30 Sitzplätze mit privatem Superior-Service bietet.

AG   BÖTTSTEIN

PTT Brugg–Böttstein–Klingnau, Brugg 10 km, Zürich 45 km

SCHLOSS BÖTTSTEIN

5315 Böttstein
Tel. 056 269 16 16, Fax 056 269 16 66
www.schlossboettstein.ch
info@schlossboettstein.ch
Leitung: Michael B. Gähler
Schlosshotel mit 59 Betten

Historisches Bijou (Anfang 17. Jh.) in der anmutigen Flusslandschaft des unteren Aaretals.

*Fensterplatz-Spezialangebot:
Lassen Sie sich in unserem romantischen Schloss verwöhnen! Übernachtung im DZ, reichhaltiges Frühstücksbuffet, 3-Gang-Menü (Mittag- oder Abendessen) für CHF 135.– pro Person.*

Saison
Ganzjährig geöffnet.
Preise
EZ CHF 95.–/110.–,
DZ CHF 165.–/190.–, Junior-Suite ab CHF 235.–, inkl. Frühstücksbuffet.
Gourmet-Weekend für 2 Personen (Welcome-Drink, 5-Gang-Menü, Übernachtung im Doppelzimmer, Frühstücksbuffet) CHF 360.–.
Lage
Direkt an der Aare, 10 km von Brugg.
Zimmer
Gemütliche Gästezimmer mit Dusche, WC, Radio/TV, Telefon, Video.
Küche
Bekannt für eine leichte, neuzeitliche Küche. Vielseitiges, saisonal orientiertes Angebot in der gemütlichen Dorfstube, im fürstlichen Schloss-Restaurant (für Raucher), in der ländlich-vornehmen Böttsteinstube (Nichtraucher-Restaurant) oder auf der Sommerterrasse mit Blick auf die Aare. Grillraum im ausgebauten Kellergewölbe.
Sport/Erholung
Idealer Ausgangspunkt für Radtouren, Spaziergänge und Wanderungen der Aare entlang oder im Jura; Mountainbiking, Jogging, Fischen, Fitness-Center und Tennis im Nachbardorf. Besuchen Sie auch die barocke Schlosskapelle und die Ölmühle in unmittelbarer Nähe.

SO · KRIEGSTETTEN

Buslinie 1 Solothurn–Kriegstetten–Recherswil, Bern 26 km

ROMANTIK HOTEL STERNEN

Sternstunden der besonderen Art:
Im geschichtsträchtigen Biedermeier-Haus
bleibt der Alltag auf der Türschwelle zurück.

4566 Kriegstetten, Hauptstrassse 61
(Wasseramt, 455 m ü. M.)
Tel. 032 675 61 11, Fax 032 675 60 25
www.sternen.ch
sternen@bluewin.ch
Familie Jörg Bohren-Vögtli
★★★ Hotel, 23 Zimmer, 46 Betten

Fensterplatz-Spezialangebot:
Fr/Sa/So (andere Tage auf Anfrage):
Übernachtung im 2-Bett-Zimmer
mit Bad, inklusive Welcome-Drink,
Frühstücksbuffet und Rosenduft-
Bad, CHF 100.–/Person (EZ-Zuschlag
CHF 25.–)

Saison
Ganzjährig geöffnet.
Preise
Doppelzimmer CHF 240.–/300.–
Einzelzimmer CHF 150.–/195.–
Lage
Behagliches Haus im Biedermeier-Stil im Herzen des Mittellandes, an bester Verkehrslage und trotzdem ruhig in schönem Park mit alten Linden gelegen.
Zimmer
Ruhige, komfortable und äusserst geschmackvoll eingerichtete Zimmer mit Dusche/Bad, WC, Telefon, TV, Radio, Minibar.
Küche
Rundum gepflegte Gastronomie mit Köstlichkeiten aus Küche und Keller in stilvollen Sälen (Romantiksaal, Sternensaal, einem Bijou von Gartenzimmer usw.). Im Sommer beliebtes Gartenrestaurant im Park.
Freizeit/Kultur
Ausgangspunkt für Ausflüge ins landschaftlich reizvolle Mittelland oder in den Jura und Besuche der Städte Solothurn und Bern.

BL   **LÄUFELFINGEN**

SBB Sissach–Läufelfingen–Olten, Olten 10 km, Basel 33 km

BAD RAMSACH

Auftanken für Körper, Geist und Seele in der meist nebelfreien, sanften Hügellandschaft des Baselbieter Juras.

4448 Läufelfingen
(Baselbieter Jura, 740 m ü. M.)
Tel. 062 285 15 15, Fax 062 285 15 00
www.bad-ramsach.ch
hotel@bad-ramsach.ch
Paul Schmutz, Direktion
★★★★ Komfort
50 Doppelzimmer

Fensterplatz-Spezialangebot:
Kulinarium CHF 138.–: Übernachtung mit
Frühstück, 6-Gang-Schlemmermenü,
Hallenbad-, Sauna-, und Fitnesseintritt.

Saison
Mitte Januar bis Mitte Dezember.
Preise
EZ CHF 110.–/130.–, DZ CHF 150.–/200.–, je nach Lage. Inbegriffen sind Frühstücksbuffet, Hallenschwimmbad (34 °C), Sauna, Fitness, Früh- und Atemgymnastik, Aqua-Fitness und Wassergymnastik. Zuschlag für HP CHF 35.–, für VP CHF 55.– (ab 3 Nächten; Menüwahl). Attraktive Pauschalarrangements, Themenwochen und Kurzaufenthalts-Angebote!

Lage/Geschichte
Ruhige Lage mit einmaliger Aussicht in die Vogesen und auf die Höhenzüge des Schwarzwaldes. 10 Minuten ab Autobahnausfahrt Eptingen, Diegten und Sissach.

Zimmer
Alle mit Dusche/WC, Haartrockner, Radio, TV, Telefon mit Modem-Anschluss, Balkon.
Küche
Gepflegte, saisonale und marktfrische Küche im Panorama-Speisesaal oder im A-la-carte-Restaurant mit Gartenterrasse.
Sport/Erholung
Mineral-Heilwasser-Hallenbad (10 x 20 m, 34 °C), Sauna, Dampfbad, Solarium, Gymnastik-/Fitnesshalle, Sportplatz, schönes Wander- und Jogging-Gebiet.
Besonderes
Seit über 500 Jahren fliesst aus unserer Hausquelle das hochwertige Calzium-Sulfat-Mineralheilwasser. WellnEssen: 2 Übernachtungen mit Frühstück, ein 6-Gang-Schlemmermenü, ein 4-Gang-Traummenü, eine Teil- oder Fussreflexzonenmassage, Hallenbad-, Sauna- und Fitnesseintritt.

BE   LOTZWIL

RM-Bahn Langenthal–Huttwil, Olten 22 km, Zürich 86 km

LANDGASTHOF
BAD GUTENBURG

Wo einst Verwundete gepflegt wurden, lässt man heute die Seele baumeln und erholt sich bei einem exquisiten Tropfen vom Alltagsstress.

4932 Lotzwil, Huttwilstrasse 108
Tel. 062 916 80 40
Fax 062 916 80 45
www.bad-gutenburg.ch
info@bad-gutenburg.ch
Leitung: Ruth Hadorn und
Hugo Abächerli
★★★ Hotel, 19 Zimmer, 35 Betten

*Fensterplatz-Spezialangebot:
Wann immer Sie kommen:
Übernachtung im DZ inkl. Frühstück CHF 70.– pro Person.*

Saison
Ganzjährig geöffnet.
Preise
1.–3. Nacht: EZ CHF 90.–,
DZ CHF 140.–, 4.–7. Nacht: EZ CHF 80.–, DZ CHF 120.–, ab 8. Nacht EZ CHF 70.–,
DZ CHF 100.–, inklusive Frühstück.
Lage/Geschichte
Der gemütliche Gasthof liegt im Fadenkreuz der Grossstädte Bern, Basel, Zürich und Luzern, unmittelbar neben dem Tierpark und der RM-Bahn-Haltestelle (Dampfzüge). An den Heilquellen von Bad Gutenburg wurden in der Schlacht von Laupen die Verwundeten gepflegt. Bis zum Versiegen der Quellen Mitte des vergangenen Jahrhunderts entwickelte sich ein renommierter Badebetrieb. Heute geniesst man die Gastfreundschaft des Hauses und lässt sich kulinarisch verwöhnen.
Zimmer
19 komfortable Zimmer, alle mit Dusche/WC, TV und Telefon, teilweise mit Balkon und Sicht auf den Tierpark. Zwei rollstuhlgängige Zimmer.
Küche
Gault-Millau-Betrieb mit kreativem, marktfrischem Saisonangebot in gepflegtem Ambiente. Reichhaltige Weinkarte. Apéros im gewölbten Keller mit feinsten Whiskies und Weinen.
Sport/Freizeit
Der landschaftlich reizvolle Oberaargau und die blauen Jurahöhenzüge laden ein, entdeckt zu werden. Für Velofahrer und Jogger ideale Voraussetzungen; diverse Möglichkeiten für sportliche Betätigung im Umkreis.
Besonderes
Grosser unterteilbarer Saal für Familienfeste, Hochzeiten, Tagungen und Seminare.

MEISTERSCHWANDEN

WM Wohlen–Meisterschwanden, Aarau 25 km, Luzern 32 km

SEEHOTEL DELPHIN

Das Schlemmerparadies im grünen Seetal, der Perle des Mittellandes, einen Delphinsprung von der Schiffsstation entfernt.

5616 Meisterschwanden
(Hallwilersee, 452 m ü. M.)
Tel. 056 676 66 80, Fax 056 676 66 84
www.hotel-delphin.ch
info@hotel-delphin.ch
Familie Fischer, Gastgeber und Inhaber
Ausflugsrestaurant und Hotel, 8 Zimmer

Fensterplatz-Spezialangebot:
Von Oktober bis März ab 2 Nächten
CHF 70.– pro Person für eine Über-
nachtung mit Frühstück im DZ
(Buchung nur über Internet möglich).

Saison
Mai bis September durchgehend geöffnet. Oktober bis April Montag geschlossen.

Preise
Doppelzimmer CHF 170.–,
Einzelzimmer CHF 120.–,
Frühstück inbegriffen.

Lage
Direkt am Hallwilersee gelegen – nur einen Delphinsprung von der Schiffsstation der Hallwilerseeflotte entfernt.

Zimmer
Die hellen Zimmer verfügen über Dusche/WC, Telefon und Fernseher, teilweise mit Balkon und/oder Seesicht.

Küche
Abwechslungsreiche leichte Küche und phantasievolle Fischgerichte mit frischem Fisch aus eigener Fischerei und Fischzucht, ausgezeichnet mit dem «Goldenen Fisch». Im Sommer Terrasse mit einmaliger Seesicht.

Sport/Erholung
Segeln, Rudern, Windsurfen; Strandbad in unmittelbarer Nähe. Wanderungen sowie Ausflüge in die Innerschweiz und zu den sagenhaften Schlössern und Burgen des Aargaus.

Besonderes
Ideale Räumlichkeiten für Vereinsanlässe, Hochzeiten, Familienfeiern oder Geschäftsessen sowie für Seminare und Tagungen.

AG   **MEISTERSCHWANDEN**

WM Wohlen–Meisterschwanden, Aarau 25 km, Luzern 32 km

HOTEL SEEROSE
CLASSIC & ELEMENTS

5616 Meisterschwanden
(Hallwilersee, 452 m ü. M.)
Tel. 056 676 68 68, Fax 056 676 68 88
www.seerose.ch, hotel@seerose.ch
Felix & Rhéane Suhner, Jörg Bruder
★★★★ Hotel, 60 Zimmer, 90 Betten
ISO 9001 Zertifizierung

Die Elemente erleben – in den Designzimmern des Hotels Seerose Elements am Hallwilersees, wo das Mittelland über jedes Mittelmass hinauswächst.

Fensterplatz-Spezialangebot:
Lust auf etwas Besonderes? – Wochenend-Trip inkl. 4-Gang-Royal Thai Menü, Getränke und Wein sowie Übernachtung in einer unserer Suiten mit Muntermacher-Frühstücksbuffet zum Preis von CHF 360.– pro Person.

Saison
365 Tage offen in beiden Gebäuden Seerose «Classic» & «Elements»

Preise
Übernachtung mit Frühstück im EZ CHF 120.–/200.–, im DZ CHF 180.–/310.– 3 Turmsuiten zu Einzel- oder Doppelbenutzung CHF 420.–/520.–.

Lage
An einmalig schöner Lage direkt am Hallwilersee mit eigenem Schiffsteg und Privatstrand für Hotelgäste.

Zimmer
Stilvolle Designzimmer mit 4-Stern-Komfort: Bad, Dusche, WC, TV, Radio, Minibar, Safe, Telefon, Internet-Anschluss, Kaffeemaschine, teilweise Whirlpool in den Hochzeitszimmern & Suiten.

Küche
Bekannte Fischküche. Plattenservice, Flambés, Saisonspezialitäten. Grosse Weinkarte mit interessantem Preis-/Leistungsverhältnis. Authentisches thailändisches Spezialitätenrestaurant im Designhotel «Elements». Zwei Gartenterrassen direkt am See, «Seestern», «Seelaube» für Apéros, Seerosenbar.

Sport/Erholung
Windsurfen, Segelschule, Bootsverleih, Rudern, Relaxen am Privatstrand. Schönes Wandergebiet. Naturlehrpfad gleich neben dem Haus. Ausflugsmöglichkeiten: Wasserschloss Hallwyl, Schloss Lenzburg, viele nahe Ausflugsziele in der Inneschweiz. Golfplätze 30 Min. bis 1 Stunde entfernt.

Besonderes
Profi im Organisieren von Festen aller Art; Hochzeiten, Weihnachtsessen, Kundenevents, Tanzbälle. Bankettsaal (bis 280 Personen) ist stützenlos und befahrbar.

BE   **SCHANGNAU**

PTT Schangnau–Kemmeriboden-Bad, Bern 52 km, Luzern 53 km

HOTEL KEMMERIBODEN-BAD

«Heute wie damals!»
★★★★-*Komfort zu* ★★★-*Preisen*
im Emmental.

6197 Schangnau
(Emmental, 1000 m ü. M.)
Tel. 034 493 77 77, Fax 034 493 77 70
www.kemmeriboden.ch
hotel@kemmeriboden.ch
Familie H. Invernizzi Gerber
Historischer Landgasthof
31 Zimmer, 55 Betten und
Mehrbettzimmer/25 Betten

Fensterplatz-Spezialangebot:
Sommertraum:
2 Übernachtungen in Junior Suite,
mit HP und vielen Extras, CHF 295.– p. P.
Wintertraum:
2 Übernachtungen in Junior Suite,
mit HP und zusätzlich Langlaufpass und
Schneeschuhe, CHF 290.– p. P.

Saison
Ganzjährig geöffnet; Betriebsferien vom
6. bis 27. Dezember 2004.

Preise
EZ CHF 101.–/117.– (ab 3 Nächten
CHF 96.–/112.–), DZ CHF 184.–/206.–
(ab 3 Nächten CHF 176.–/196.–),
Frühstücksbuffet inbegriffen. Zuschlag
für HP CHF 45.–, für VP CHF 60.–.
Mehrbettzimmer auf Anfrage.

Lage
Im Quellgebiet der Emme, romantisch
alpin am Fusse des Hohgant gelegen.

Zimmer
Helle Zimmer mit viel Komfort:
Sprudelbad oder Erlebnisdusche, WC,
Radio, TV, Telefon, Haartrockner,
Minibar.

Küche
Marktfrische Küche aus vorwiegend regionalen
Produkten. Da können sich leichte Gemüse-
Kreationen durchaus neben den legendären
«Merängge» behaupten.

Freizeit/Kultur
Mountain-Bikes, Bogenschiessanlage. Sommer-
und Winterwandern, Berg- und Skitouren,
10 km Langlaufloipe vor dem Haus, Skifahren in
Bumbach; Flussbaden, Fischen, Canyoning; Kutschen- und Schlittenfahrten.

Besonderes
Einmalige Alpenflora und Wildtierbeobachtungen im Biosphären-Reservat.

SO   **SOLOTHURN**
SBB Olten– Solothurn–Biel

ZUNFTHAUS ZU WIRTHEN

Das kleine Hotel mit Charme im bekannten Zunfthaus aus dem 14. Jahrhundert.

Fensterplatz-Spezialangebot:
Übernachtung im DZ inkl. einer kleinen
Flasche Champagner, Willkommens-Apéro
und Frühstück für CHF 100.–.
Gültig: 01.11.04 bis 31.3.05.

4500 Solothurn, Hauptgasse 41
(440 m ü. M.)
Tel. 032 626 28 48,
Fax 032 626 28 58
www.wirthen.ch
zunfthaus@wirthen.ch
Urs Leuenberger
★★ Hotel
14 Zimmer, 19 Betten

Saison
Ganzjährig geöffnet.
Preise
Einzelzimmer CHF 83.–/135.–, Doppelzimmer CHF 115.–/198.–, Familienzimmer mit 3 bzw. 4 Betten CHF 243.–/288.–, Frühstücksbuffet inbegriffen.
Lage
Zentrale Lage mitten in der Fussgängerzone der berühmten Solothurner Altstadt. Das älteste Zunfthaus von Solothurn wurde 1453 erstmals erwähnt.
Zimmer
Gemütliche Einzel-, Doppel- und Familienzimmer mit Dusche, WC, TV, Telefon.
Küche
Gepflegte Brasserie- und Saisonküche in einem der besterhaltenen Galträume schweizweit. Das im Stil altdeutscher Renaissance erhaltene Speiselokal mit seinen Schnitzereien lädt zum Verweilen und Geniessen ein. Originaler Flammenkuchen, frische Miesmuscheln und elsässisches Choucroutte sind nur einige der Brasseriespezialitäten.
Sport/Erholung
Idealer Ausgangspunkt für Radtouren, Spaziergänge und Wanderungen der Aare entlang oder auf dem Weissenstein. Mountainbiking, Gleitschirmfliegen, Jogging, Fischen. Fitness-Center in der Nähe. In Solothurn selber gibt es nicht nur das Zunfthaus zu entdecken, sondern viele andere Sehenswürdigkeiten mehr.
Besonderes
Unser Motto lautet: Lust auf Genuss.

FR   **UEBERSTORF**

Bus Bern–Flamatt–Ueberstorf, Autobahn A1 (Flamatt) 3 km

SCHLOSS UEBERSTORF

Stimmungsvoll in wildem Garten gelegen, lässt einen das Haus an den vergangenen fünf Jahrhunderten teilhaben. Ein Ort der Ruhe und der Besinnung, in dem Kultur gelebt wird.

3182 Ueberstorf
Tel. 031 741 47 17, Fax 031 741 47 94
www.schlossueberstorf.ch
schloss@datacomm.ch
Leitung: Rosmarie Schüpbach Furer
Hotel-Restaurant, Seminar- und Kulturort
17 Zimmer, 32 Betten

**Fensterplatz-Spezialangebot:
Übernachtung im DZ mit Frühstück
CHF 90.– pro Person in Kombination mit
Konzertbesuch (siehe Kulturprogramm
unter www.schlossueberstorf.ch)**

Saison
Ganzjährig geöffnet.
Preise
Im EZ mit Dusche/WC CHF 150.–, mit Etagendusche CHF 135.–; im DZ mit Dusche/WC CHF 120.–, mit Etagendusche CHF 105.–, Preise inkl. Frühstück. Spezialtarife in belegungsschwachen Monaten. Individuelle, den Wünschen angepasste Offerten.
Lage
3 km ab Autobahnausfahrt Flamatt
Zimmer
Sanft renovierte Zimmer mit inspirierender Atmosphäre. Teils mit Dusche/WC, teils mit Etagendusche. Schlichte Eleganz; viel Raum und Ruhe.
Küche
Saisonale Küche mit Produkten aus der Region. Feste und Bankette in der ehemaligen Schlosskirche oder im Park bis zu 80 Personen. A-la-carte-Angebot für kleinere Gesellschaften, Ihr Tête-à-Tête im Leuchterzimmer oder im Wintergarten.
Sport/Erholung
In der Nähe: Reiten, Golf, Fischen, Baden im Fluss. Postauto- und Bahnhaltestelle ermöglichen Ausflüge mit öffentlichen Verkehrsmitteln.
Besonderes
Ein Kultur- und Seminarort, in welchem aber auch Einzelgäste Ruhe und Einkehr geniessen können. «Kultur» bezieht sich in Ueberstorf nicht nur auf Küche und Keller: Hier begegnen sich Werke, Konzepte und Ideen verschiedenster Künstler und Kunstrichtungen. Für Ausstellungen, Konzerte, Lesungen, Happenings aller Art bietet das Schloss Ueberstorf einen aussergewöhnlich stimmungsvollen Rahmen.

BE   WALKRINGEN
RM Burgdorf–Konolfingen–Thun, RBS Bahn Bern–Worb, Bern 14 km

HOTEL RESTAURANT RÜTTIHUBELBAD

Rundum inspirierender Ort am Eingang zum Naturparadies Emmental, mit reichem Kultur- und Kursangebot, hauseigenem Theater und Kükelhaus Sinnesweg.

3512 Walkringen
(Emmental, 740 m ü. M.)
Tel. 031 700 81 81, Fax 031 700 81 90
www.ruettihubelbad.ch
hotelrestaurant@ruettihubelbad.ch
★★★ Hotel, Restaurant und Tagungszentrum
34 Zimmer, 54 Betten

*Fensterplatz-Spezialangebot:
Preis pro Person im Doppelzimmer,
inkl. reichhaltigem Bio-Frühstücksbuffet
CHF 60.–/80.–. Gültig vom 1. 4. – 31. 10. 04.*

Saison
Ganzjährig geöffnet.
Preise
Preise pro Zimmer und Tag, inkl. reichhaltigem Bio-Frühstücksbuffet: EZ CHF 100.–/130.–, DZ CHF 160.–/200.–. (Oekoservice ab 3 Tagen: Reduktion CHF 10.– pro Nacht). Spezialarrangements: 5 Tage zum Preis von 4 (inkl. HP, Fahrrad) CHF 580.– pro Person; «Null-Programm-Tage» (inkl. 2 Übernachtungen mit Frühstücksbuffet und 3 kulinarischen Abendessen) CHF 266.– pro Person.
Lage
Abseits der Strasse auf einer Sonnenterrasse gelegen, mit Blick auf die Berner Hochalpen. Sehr ruhig mitten im Grünen – und doch nur 20 Minuten von Bern enfernt.
Zimmer
Alle Zimmer mit Dusche/WC, Haartrockner und Telefon. TV auf Wunsch. Qualitätsverbesserung: Rauchfreie Hotelzimmer und ruhiger, tiefer Schlaf dank Netzfreischaltern.

Küche
Neu erbautes Restaurant mit herrlicher Sonnenterrasse. Küche: frisch, den Jahreszeiten angepasst, mit Schwerpunkt auf fleischlosen Spezialitäten.
Die verwendeten Lebensmittel stammen aus Demeter- und Knospe-Produkten.
Sport/Freizeit
In der Umgebung schöne Wanderwege in intakter Natur. Anspruchsvolle Radwege (hoteleigene Fahrräder). Persönliche Beratung bei der Planung von Ausflügen.

AG WILDEGG
SBB Aarau–Baden, Zürich 35 km

HOTEL AAREHOF

Genuss, Gemütlichkeit, Sinnlichkeit und Entspannung im farbigen Knospen-Hotel.

Fensterplatz-Spezialangebot:
Wochenend-Traum!
- Übernachtung im komfortablen DZ
- Welcome-Apéro in der Lounge
- 4-Gang-Schlemmer-Diner
- Langschläferfrühstück mit 1 Cüpli Prosecco.
CHF 125.– pro Person und Nacht

5103 Wildegg, Bahnhofstrasse 5,
(450 m ü. M.)
Tel. 062 893 23 23, Fax 062 893 15 04
www.aarehof.ch
empfang@aarehof.ch
Peter Keller
★★★ Hotel, 60 Zimmer, 90 Betten

Saison
Ganzjährig geöffnet.
Preise
EZ CHF 120.–, DZ CHF 160.–/200.–.
Lage
Zentral unterhalb des Schlosses Wildegg gelegen, unweit des Bahnhofs. In die Auenlandschaft der Aare und auf die grünen Jurahöhen sind es nur ein paar Schritte. 3 Minuten bis Wellness-Zentrum Aquarena Schinznach-Bad.
Zimmer
Zeitgemässe Zimmer mit Dusche/WC, Haartrockner, Telefon, TV, Minibar.
Küche
Erstes knospenzertifiziertes Restaurant im Aargau; farblich einzigartig von der Corperate Art-Künstlerin Garda Alexander gestaltet. Die Küchenbrigade kreiert täglich neue Geniesser-Menüs aus regionalen und saisonalen Frischprodukten aus biologischem Anbau.
Freizeit/Kultur
Im Hotel: Hallenbad, Kegelbahnen. Golf und Tennis. Paradies für Wasser- und Burgenliebhaber.
Besonderes
In der atmosphärisch einzigartigen Lounge/Bar verflüchtigen sich Alltagssorgen bei einem erlesenen Tropfen oder einer feinen Cigarre rückstandslos: Dank ausgeklügeltem Belüftungssystem kann zwei Tische weiter ungestört getafelt werden.

AG ZURZACH

SBB Basel–Zurzach–Eglisau, Basel 60 km, Zürich 40 km

PARK HOTEL BAD ZURZACH

Wohlfühlen hat bei uns immer Saison!

Fensterplatz-Spezialangebot:
Schnupper-Wellness-Tag – 1 Übernachtung im komfortablen Doppelzimmer mit Frühstück, Benützung Sole-Hallenbad, Sauna, Dampfbad sowie einem Eintritt zum benachbarten The SpA Medical Wellness Center und zum Thermalbad Zurzach. CHF 99.– pro Person. Buchbar von So-Mo (ausgenommen Feiertage).

5330 Zurzach, Badstrasse 44
(am Rhein, 340 m ü. M.)
Tel. 056 269 88 11, Fax 056 249 38 08
www.park-hotel-zurzach.ch
info@park-hotel-zurzach.ch
Ralph Möller, Direktion
★★★★ Hotel QQ
106 Zimmer

Saison
Ganzjährig geöffnet.
Preise
Zimmer: 1 Person CHF 154.–, 2 Personen CHF 232.– Suite: 1 Person CHF 232.–, 2 Personen CHF 310.–, inkl. Frühstücksbuffet, Solebad, Sauna und Dampfbad, Fitnessraum und Zutritt in «The Spa» Medical Wellness Center. Diverse Weekend- und Wochen-Pauschalen auf Anfrage.
Lage
An ruhiger Lage inmitten einer grosszügigen Grünanlage, unweit des historischen Fleckens Zurzach, nur 2 Gehminuten von den Thermalbädern und vom «The Spa» Medical Wellness Center.

Zimmer
Helle und geräumige Zimmer mit modernstem Komfort: Bad oder Dusche/WC, Haartrockner, Bademantel, Radio/TV, ISDN-Telefon, Minibar, Balkon.
Küche
Behagliches Grill-Restaurant mit saisonalen Spezialitäten und wöchentlichen Themenbuffets; Bar/Café für den kleinen Hunger zwischendurch – täglich Live-Piano. Im Sommer Gartenrestaurant «Le Jardin» mit gartenfrischen Salaten und verführerischen Desserts. Wöchentlich Sommernachtsbuffet.
Sport/Erholung
Hoteleigenes Solebad (34 °C), Sauna, Dampfbad, Fitnessraum. Massagen, Fangopackungen, Solarium, div. Kosmetik-Angebote. Kostenloser Zutritt zum Thermalbad Zurzach und zum Wellness Center «The Spa» mit vielfältigem Wellness-Angebot. Wanderungen und Radtouren dem Rhein entlang oder im nahegelegenen Schwarzwald.

fensterplatz

BERNER OBERLAND

BE   **ADELBODEN**
AFA Frutigen–Adelboden, Thun 38 km, Zürich 190 km

ARENA HOTEL STEINMATTLI

Atmosphärisches Familienhotel auf der Sonnenterrasse Adelbodens. Hier kann die sportliche Seite genau so zum Zuge kommen wie die des Geniessers.

3715 Adelboden, Risetensträssli 10
(Engstligental, 1400 m ü. M.)
Tel. 033 673 39 39, Fax 033 673 38 39
www.arena-steinmattli.ch
info@arena-steinmattli.ch
Leitung: Rudolf und Anita Hauri
★★★★ Ferien- und Sporthotel

Fensterplatz-Spezialangebot:
Im Juni, September und Oktober:
Übernachtung mit Frühstücksbuffet
CHF 80.– pro Person.

Saison
Dezember bis April und Juni bis Oktober.

Preise
Winter: CHF 120.–/190.–, Sommer CHF 90.–/120.– pro Person und Tag im Doppel- oder Familienzimmer, je nach Saison und Lage. Inkl. Wilkommensdrink und reichhaltigem Frühstücksbuffet. Zuschlag für Einzelbenützung CHF 30.–, Zuschlag Halbpension (4-Gang-Abendessen) CHF 30.–. Spezielle Sommer- und Winterpauschalen auf Anfrage.

Lage
Ruhig, im Herzen von Adelboden gelegen, 150 m von der Dorfstation Sillerenbühl entfernt. Panoramasicht auf die Berge und den berühmten Wildstrubel. Eigene Parkgarage.

Zimmer
Komfortable Zimmer mit Marmorbad, Haartrockner, Zimmersafe, TV und Telefon, die meisten mit Balkon und Sitzecke.

Küche
Feines aus Küche und Keller im Restaurant und an der Bar oder auf der sonnigen Terrasse.

Sport/Erholung
Freie Benützung von Sauna, Sprudelbad und Fitness-Center im Haus. Adelboden ist eines der attraktivsten Schneesport- und Winterwandergebiete der Alpen, das auch kulturell einiges zu bieten hat. Seine bevorzugte Lage beschert ihm im Winter bis zu neun Sonnenstunden am Tag. Im Sommer laden unzählige Wanderrouten ein, die Bergwelt zu erkunden.

Besonderes
Adelboden wurde mit dem begehrten Qualitätsgütesiegel «Familien willkommen» ausgezeichnet.

BE   **ADELBODEN**
AFA Frutigen–Adelboden, Thun 38 km, Zürich 190 km

HOTEL BEAU-SITE

Gepflegtes Hotel im Chalet-Stil, in dessen ruhiger Atmosphäre es leicht fällt, den hektischen Alltag zu vergessen.

3715 Adelboden
(Engstligental, 1400 m ü. M.)
Tel. 033 673 22 22, Fax 033 673 33 33
www.hotelbeausite.ch
hotelbeausite@bluewin.ch
Besitzer/Hotelier: Familie Markus Luder
★★★★ Hotel
38 Zimmer

**Fensterplatz-Spezialangebot:
Übernachtung pro Person im DZ, inklusive Frühstück, zwischen CHF 60.– und CHF 100.–, ausser 24.12–10.1. und 6.2.–6.3.**

Saison
Juni bis Oktober, Mitte Dezember bis April.
Preise
Einzelzimmer CHF 120.– bis CHF 150.–, Doppelzimmer CHF 90.– bis CHF 160.–.
Preise pro Person und Nacht, je nach Saison und Standard. Freier Eintritt in Sauna, Dampfbad und Fitness-Center. Interessante Wochen- und Spezialangebote.
Lage
Einige wenige Schritte vom Dorfzentrum Adelboden entfernt, an absolut ruhiger, leicht erhöhter Lage. Grossartige Panoramasicht auf die Berge und ins weite, offene Tal.

Zimmer
Alle Zimmer verfügen über Bad/WC oder Dusche/WC, Radio, Kabelfernsehen, Telefon und Minibar, die meisten auch über Balkon, Minisafe, Haartrockner, Tee- und Kaffeekocher.
Küche
Marktgerechte, zeitgemässe Küche. Hotel-Restaurant (4-Gang-Dîner mit Auswahlmöglichkeit für Hotelgäste). Rustikale «Gaststube» und «Gourmet-Stübli».
Sport/Erholung
Fitness-Studio, Sauna, Dampfbad und Solarium im Haus. Im Sommer grossartiges Gebiet für Spaziergänge, Wanderungen, Bergtouren verschiedenster Schwierigkeitsgrade oder Mountainbiking. Im Winter ist Adelboden der ideale Ort für Skifahrer, Snowboarder, Schlittler, Schneeschuhläufer, Iglubauer ... Es stehen rund 120 km präparierte Pisten und 50 km Winterspazierwege zu Ihrer Verfügung. «Aktiv Wellness»-Angebote.

BE   ADELBODEN
AFA Frutigen–Adelboden, Thun 38 km, Zürich 190 km

RAMADA-TREFF
Hotel Regina

3715 Adelboden, Dorfstrasse 7
(Berner Oberland, 1400 m ü. M.)
Tel. 033 673 83 83, Fax 033 673 83 80
www.ramada-treff.ch
regina-adelboden@ramada-treff.ch
Leitung: Martin Brühlmann, Direktor
★★★★ Hotel
91 Zimmer, 165 Betten

*Eine Oase des Komforts inmitten
atemberaubender Natur.*

*Fensterplatz-Angebot:
Eine Übernachtung im DZ inkl. Frühstücksbuffet, Willkommenscocktail sowie eine Hin- und Rückfahrt auf die TschentenAlp zum Preis von CHF 100.– pro Person und Nacht, gültig von Juni bis Oktober 2004.*

Saison
Anfang Juni bis Mitte Oktober, Mitte Dezember bis Mitte April.
Preise
CHF 140.– bis CHF 195.– pro Person und Nacht inkl. Frühstücksbuffet. Freier Eintritt in Sauna, Dampfbad und Whirlpool.
Lage
An der Dorfstrasse in der Nähe des Zentrums von Adelboden, umgeben von einer wunderschönen und eindrücklichen Hochgebirgslandschaft. Nur fünf Minuten von den Bergbahnen entfernt.
Zimmer
Komfortable Zimmer und Juniorsuiten mit Bad/WC. Alle mit Minibar, Kabel-TV, Radio, Safe, Telefon, Wireless LAN und Haartrockner. Nichtraucherzimmer vorhanden.

Küche
Beim Frühstück geniesst man bereits den beeindruckenden Ausblick auf die herrliche Berglandschaft von Adelboden. Im Hotelrestaurant lässt man sich mit Feinstem aus Weinkeller und Küche verwöhnen. Köstliche italienische Spezialitäten werden im «Ristorante La Tosca» serviert.
Sport/Erholung
Sauna, Dampfbad, Whirlpool und Solarium sorgen für Entspannung und Erholung. Von der Sonnenterrasse geniesst man eine imposante Bergkulisse. In der gemütlichen Hotelhalle mit Cheminée erholt man sich vom Alltag und lässt sich so richtig verwöhnen.
Besonderes
Ob Winter oder Sommer, Adelboden ermöglicht Naturerlebnisse erster Güte. Empfehlenswert ist ein Ausflug an den Thunersee oder in den Mystery Park in Interlaken.

BE   **AESCHI**

ASKAe Spiez–Aeschi, Interlaken 17 km, Bern 40 km

HOTEL AESCHI-PARK

*Ein Paradies im Sommer wie im Winter
für geruhsame Ferien über dem Thunersee.*

3703 Aeschi
(über dem Thunersee, 860 m ü. M.)
Tel. 033 655 91 91, Fax 033 655 91 92
www.aeschipark.ch
info@aeschipark.ch
Leitung: Familie R.M. und U. Friedl
★★★★ Hotel, 50 Zimmer
und Appartements, 100 Betten

*Fensterplatz-Spezialangebot:
Übernachtung mit HP CHF 93.–
pro Person im DZ. Gültig von
Oktober bis April.*

Saison
Ganzjährig geöffnet.
Preise
Einzelzimmer CHF 80.–/130.–,
Doppelzimmer CHF 150.–/190.–,
Appartements CHF 200.– /240.–,
je nach Saison. Aufpreis für Halbpension CHF 35.–, für Vollpension CHF 65.– pro Person. Pauschalwoche CHF 525.– inkl. HP. Ferienwohnungen ab CHF 69.– pro Tag (1 bis 4 Personen).
Lage
Aeschi liegt auf einem flachen Bergrücken über dem Thunersee, inmitten einer ländlichen unberührten Landschaft, mit prachtvoller Aussicht auf See und Berge.
Zimmer
Grosszügige (mindestens 27 m^2), komfortable Zimmer mit allem Komfort, wie etwa Bad/Dusche, WC, Radio, TV, Telefon mit eigener Nummer und analogem Modemanschluss, Minibar. Alle Zimmer mit Balkon oder Terrasse. Viele Zimmer haben einen getrenntem Schlaf- und Aufenthaltsbereich.
Küche
Reichhaltiges, saisonales Angebot. Restaurants «Mignon» und «Français», Thunersee-Bar und Park-Terrasse.
Sport/Erholung
Im Haus: Sauna, Bio-Sauna, Dampfbad, Solarium. Im Sommer: 42 km markierte Wanderwege, Surfen, Segeln, Wasserski, Schwimmen, Fischen, Mountainbiking, Minigolf (Spiez), Golf (Interlaken), Tennis (Hondrich, Spiezer Bucht); im Winter: Langlaufloipe (25 km Länge), Eislaufen, Ski alpin und Trainerlifte für Kinder (Aeschi und Aeschiried sowie Nähe von Elsigenalp und Adelboden). Ganzjährig: Hallenbad in Aeschi, mit Thermalbecken (35 °C).

BE   BRIENZ

SBB Luzern–Brünig–Interlaken, Interlaken 15 km, Luzern 52 km

SEEHOTEL BÄREN BRIENZ

Lebensfreude pur in der etwas anderen Alpen- und Seeoase mit grossem Ayurveda-Angebot.

3855 Brienz , Hauptstrasse 72
(570 m ü. M.)
Tel. 033 951 24 12, Fax 033 951 40 22
www.seehotel-baeren-brienz.ch
info@seehotel-baeren-brienz.ch
Leitung: Monique Werro
★★ Hotel, 25 Zimmer, 40 Betten

Fensterplatz-Spezialangebot:
Pro Person im DZ, inkl. Frühstücksbuffet.
CHF 65.–/84.–, je nach Standard.

Saison
Ab Frühjahr bis Spätherbst geöffnet.
Preise
DZ CHF 65.–/110.– p.P./Tag, reichhaltiges Frühstücksbuffet inbegriffen. Zuschlag für HP CHF 35.–.
Lage
Zentrale und doch ruhige Lage an der Seepromenade.
Zimmer
Sonnige, farbenfrohe Zimmer, die meisten mit Balkon; See- oder Bergsicht. Auf Radio und TV wird bewusst verzichtet. Für die Dauer des Aufenthaltes kann aus einer umfassenden Sammlung das eigene Bild ausgewählt werden.
Küche
Ideenreiche, saisonale und marktfrische Küche mit einem speziellen Augenmerk auf vegetarische Spezialitäten im Seerestaurant «La belle batelière»; schöne Seeterrasse. «Schnitzlerstube» mit klassischen Brienzer Holzschnitzereien; Bärenbar.
Freizeit/Kultur
Eigener Anlegeplatz und Bademöglichkeit. Umfassende Erholung und Revitalisierung durch ayurvedische Heilkunst.
Besonderes
Seriöse und authentische Ayurveda-Kuren sowie Behandlungen durch das Ayurveda-Team unter der Leitung von Mr. Mahesh Sreedharan, leitender Arzt einer Ayurveda-Klinik in Kerala. Grosses Seminarangebot mit bekannten Therapeuten. Ausführliche Informationen auf der Homepage oder auf Anfrage.

BE   **BRIENZ**

Bus Brienz SBB–Axalp, Interlaken 20 km, Luzern 55 km

GRANDHOTEL GIESSBACH

Historisches Hotel des Jahres 2004!

3855 Brienz
(über dem Brienzersee, 666 m ü. M.)
Tel. 033 952 25 25, Fax 033 952 25 30
www.giessbach.ch
grandhotel@giessbach.ch
Matthias Kögl, Direktion
★★★★ Belle-Epoque-Hotel
70 Zimmer, 140 Betten

Fensterplatz-Spezialangebot:
Die Woche über im Nostalgie-Doppel-
zimmer: CHF 85.–/95.– pro Person
inkl. Frühstücksbuffet.

Saison
22. April bis 24. Oktober 2004.
Preise
EZ CHF 130.–/170.–, DZ CHF 170.–/370.–;
Suiten CHF 420.–/450.–, inkl. Frühstücks-
buffet. Wochenendzuschlag CHF 20.– pro
Person. Erkundigen Sie sich nach Pauschal-
angeboten und Spezialarrangements.
Lage
Traumhafte Lage über dem Brienzersee,
inmitten einer 22'000 m² grossen
Parkanlage mit Waldwegen, in der Nähe der Giessbachfälle.
Zimmer
Geschmackvoll und mit allem Komfort. Alle Zimmer mit
Telefon, Radio, TV und Bad/WC oder Dusche/WC.
Küche
«Parkrestaurant» zur Wasserfallseite mit duftig sonniger
Orangerie: gehobenes A-la-carte-
Restaurant mit klassisch französischer
Küche, familiär und ungezwungen.
Gourmet-Restaurant «Chez Florent» mit
der fantastischen Seeterrasse – ein
Juwel im Berner Oberland: exklusive
Gourmetkreationen mit interessantem
vegetarischem Angebot. Ein elegantes,
sinnliches Erlebnis in einer ruhigen, diskreten Atmosphäre.
Sport
Wassersport jeglicher Art auf dem Brienzersee. Vielfältige Spazier- und Wander-
möglichkeiten. Eigener Sand-Tennisplatz. Freiluftschwimmbad. Kinderspielplatz.
Besonderes
Die Saison im Giessbach wird von zahlreichen gesellschaftlichen wie kulturellen
Ereignissen geprägt: Bälle, Konzerte und romantische Galadiners. Gesellschafts-
räume, Salons und Bankettsäle atmen den Geist der vorletzten Jahrhundertwende
und vermitteln dem Gast das Gefühl, in eine andere Epoche versetzt zu sein. Mit
der ältesten Standseilbahn Europas (1879–2004; 125 Jahre) gelangen Sie vom Hotel
zur eigenen Schiffsstation.

BE   BRIENZ

SBB Luzern–Brünig–Interlaken, Interlaken 17 km, Bern 78 km

HOSTELLERIE LINDENHOF

*Familienfreundliches Erlebnishotel,
das im Bereich des natürlichen Genusses
Schwerpunkte setzt.*

3855 Brienz
(über dem Brienzersee, 571 m ü. M.)
Tel. 033 952 20 30, Fax 033 952 20 40
www.hotel-lindenhof.ch
info@hotel-lindenhof.ch
Gastgeber: Hansjörg Imhof
★★★ Erlebnishotel im Oberländer
Chaletstil, Haus im Grünen,
40 Themenzimmer und 80 Betten

*Fensterplatz-Spezialangebot:
Übernachtung im DZ mit Frühstücksbuffet
CHF 75.–/100.–, je nach Standard. Gültig
vom 6.3. bis 6.6. und 10.10. bis 12.12. 2004.*

Saison
Betriebsferien im Januar und Februar.
Preise
Einzelzimmer CHF 120.–/160.–, Doppelzimmer
CHF 160.–/250.–, Familienzimmer CHF 160.–/260.–
(Kinder 7–15 Jahre CHF 40.–). Aufpreis für Halbpension CHF 40.– (Kinder CHF 20.–). Frühstücksbuffet, Hallenbad und Sauna sind inbegriffen.
Erkundigen Sie sich nach unseren Spezialangeboten!

Lage
Zehn Minuten vom Dorfzentrum Brienz, in ausgedehntem Park. Ruhige Lage mit
prachtvoller Sicht auf See und Berge.
Zimmer
Unsere originellen Erlebnis-Themen-Zimmer sind alle mit Bad/WC oder Dusche/WC,
Radio/TV und Telefon ausgestattet.
Küche
Nur Frischprodukte aus natürlichem Anbau, Kräuter
aus der eigenen Kräutergärtnerei und Fleisch aus
tiergerechter Haltung. Vielfalt an regionalen wie
internationalen Spezialitäten. Kulinarische Themenabende Juni bis Oktober: Viva la Pasta, WOK-
Happening oder Raclette à discretion.

Sport/Erholung
Zahllose Wanderwege im Sommer wie im Winter, 4 km lange Uferpromenade mit
allen Möglichkeiten für Wassersport auf und im saubersten See der Schweiz.
Schluchten, Höhlen, Wasserfälle; Freilichtmuseum Ballenberg, 100 Jahre alte Dampfzahnradbahn aufs Brienzer Rothorn. Auf Wunsch Organisation von Kajak- und
Kanu-Exkursionen, Riverrafting, Mountainbiking-Touren usw.
Besonderes
Ruhe oder Aktivität finden sich hier in idealer Ausgewogenheit.

BE   **FAULENSEE**
BLS Thun–Spiez–Interlaken, Thun 10 km, Bern 40 km

STRANDHOTEL SEEBLICK

Die familiäre Gastfreundschaft ist hier – natürlich nebst dem Seeblick – die selbstverständlichste Sache der Welt.

3705 Faulensee
(Thunersee 587 m ü.M.)
Tel. 033 655 60 80, Fax 033 655 60 85
www.seeblick.ch
info@seeblick.ch
Familie Habegger-Romein, Propr.
★★★ Hotel, 23 Zimmer, 45 Betten

*Fensterplatz-Spezialangebot:
Auch in der Hochsaison: Im DZ, inkl. Frühstücksbuffet, höchstens CHF 92.50 pro Person.*

Saison
Ganzjährig geöffnet.
Preise
Doppelzimmer CHF 160.–/185.–, Einzelzimmer CHF 120.–/145.–; inklusive Frühstücksbuffet. 5 % Rabatt ab 4 Nächten, 10 % ab 10 Nächten.
Lage
In verträumtem Fischerdorf, eingebettet in eine Bucht direkt am Thunersee gelegen. Das bekannt milde Klima und die Ruhe des Ortes wecken ermüdete Lebensgeister wieder auf.
Zimmer
Moderne Zimmer mit Einzelbalkon, Dusche/Bad, WC, Radio, TV, Telefon. Gemütlicher Aufenthaltsraum mit Niesen-Terrasse, Hausbibliothek.
Küche
Panorama-Restaurant mit ausgezeichneter Fischküche; durchgehend warme und kalte Speisen. Diverse Lokalitäten direkt am See für kleine und grosse Anlässe.
Freizeit/Kultur
Idealer Ausgangspunkt für Schwimmen, Segeln, Tennis, Reiten, Wandern sowie spektakuläre Mountainbike-Touren. Die Skigebiete des Berner Oberlandes sind in ½ h erreichbar.
Besonderes
Fabelhafte Erlebniswelt Thunersee: Familienzimmer mit Drachenhöhle, in der die Kinder nachts schlafen dürfen.

BE   **GRINDELWALD**

BOB Interlaken–Grindelwald–(Kleine Scheidegg), Interlaken 23 km, Bern 60 km

HOTEL KIRCHBÜHL

Herzerwärmende Gastfreundschaft mit Blick auf Gletscher und ewiges Eis – Gegensätze ziehen sich an, sagt man...

3818 Grindelwald
(Jungfrauregion, 1100 m ü. M.)
Tel. 033 853 35 53, Fax 033 853 35 18
www.kirchbuehl.ch, hotel@kirchbuehl.ch
Familie Chr. Brawand-Imboden
★★★★ Mitglied Relais du Silence
und Alpine Classic Hotels
48 Zimmer, 90 Betten

Fensterplatz-Spezialangebot:
Bei Buchung einer Übernachtung: Einfache Fahrt mit der Firstbahn nach Bort; «Z'Vieri-Plättli» in unserem Berghaus Bort.

Saison
Von Mitte Oktober bis Mitte Dezember bleibt das Haus geschlossen. Nach Ostern bis Mitte Mai nur mit Frühstück.

Preise
Doppelzimmer CHF 220.–/390.–. Einzelzimmer CHF 165.–/215.–, Frühstücksbuffet inbegriffen. Halbpension, Spezialangebote und Arrangements auf Anfrage.

Lage
Das Hotel liegt an sonniger, ruhiger Lage auf einer Anhöhe über dem Dorf, 5 Minuten vom Zentrum entfernt, in unmittelbarer Nähe des Skischulgeländes, der Pfingsteggbahn und der Firstbahn. Herrliche Sicht auf die umliegenden Berge und Gletscher (UNESCO Weltnaturerbe Jungfrau-Aletsch).

Zimmer
Die Zimmer sind gemütlich eingerichtet und verfügen über Dusche/WC oder Bad/WC, Telefon, Radio, TV, Minibar sowie Balkon. Zimmer mit Verbindungstüren für Familien. Zudem können wir Ihnen Ferienappartements in umliegenden Chalets anbieten.

Küche
Cuisine du marché mit einheimischen Produkten. Das Spezialitätenrestaurant «La Marmite» bietet eine breitgefächerte Auswahl an internationalen Gerichten und auch asiatischer Küche. Im «Hilty-Stübli» und in der Eiger Stuba servieren wir echte Berner Oberländer Spezialitäten. Tägliche Menüwahl, Freitag Kirchbühlbuffet. Mitglied Gilde etablierter Köche & Chaine des Rôtisseurs. Guide bleu.

Sport/Wellness
Sauna, Dampfbad, Whirlpool, Solarium, Massage, Gleitschirmlandeplatz. Gratiseintritt ins Sportzentrum.

Besonderes
Familienbetrieb seit 1900. Geschenkboutique. Pauschalarrangements. Hotel- und Skibus. Sehenswert: Jungfraujoch und Mystery Park.

BE   GRINDELWALD

BOD Interlaken–Grindelwald–Kleine Scheidegg, Interlaken 23 km, Basel 125 km

HOTEL KREUZ & POST

Genuss und Lebensfreude im stilvollen Erstklasshotel mit Charme. Von hier aus ist es zur Jungfrau, Top of Europe, ein Katzensprung.

3818 Grindelwald
(Jungfrauregion, 1050 m ü. M.)
Tel. 033 854 54 92, Fax 033 854 54 99
www.kreuz-post.ch
kreuz-post@bluewin.ch
Familie Martin und Helena Konzett
★★★★Hotel
42 Zimmer und Suiten, 82 Betten

Fensterplatz-Spezialangebot:
4 für 3 Übernachtungen ab CHF 330.– pro
Person inkl. Frühstück (Vor- und Nachsaison).
Im Winter nur gültig von Sonntag bis
Donnerstag.

Saison
Betriebsferien Mitte April bis Mitte Mai.
Preise
Einzelzimmer CHF 135.–/230.–, Doppelzimmer CHF 220.–/400.–, inklusive reichhaltigem Frühstücksbuffet, Sauna, Dampfbad, Whirlpool. 6-Gang-Abendessen CHF 40.– pro Person/Tag.
Lage
Im Zentrum von Grindelwald gelegen, mit atemberaubendem Blick auf die nahen Alpengipfel. Bergbahnen und Einkaufsmöglichkeiten in unmittelbarer Nähe. Gratis Parkplätze. Tiefgarage in 300 m Entfernung.
Zimmer
Geschmackvoll eingerichtete Zimmer und Suiten mit Bad/WC, Radio, TV, Minibar, Zimmersafe, Telefon, Haartrockner. Die meisten Zimmer (Südzimmer) verfügen über einen Balkon.
Küche
Hochwertige, leichte und kreative Küche im gepflegten «Kreuz-Restaurant», «Challi-Stübli» und im Speisesaal. Konzetts und Küchenchef Heinz Jaberg kredenzen verschiedene, liebevoll sorgfältig zubereitete Spezialitäten nach dem Grundsatz «Ehrlichkeit des Geschmacks».

Sport/Erholung/Freizeit/Vergnügen
Im Hotel selber befinden sich eine Wohlfühl-Oase mit Sauna, Dampfbad, Whirlpool, Solarium, Fitness. Unentgeltlicher Zutritt zum nahe gelegenen Sportzentrum. Weitere Angebote: Ski alpin, Langlauf, Wandern, Golf in Interlaken, Riverrafting, Gleitschirm-Passagierflüge usw. Div. Aufenthaltsräume, Bars und Restaurants.
Besonderes
Sonnen-Dachterrasse im Sommer, Dancing im Winter.

BE   GSTAAD

MOB Zweisimmen–Gstaad–Montreux, Bulle 43 km, Bern 85 km

HOTEL ARC-EN-CIEL

Die Seele baumeln und sich verwöhnen lassen...
Im Arc-en-ciel ist alles darauf ausgerichtet!

3780 Gstaad (Saanenland, 1050 m ü. M.)
Tel. 033 748 43 43, Fax 033 748 43 53
www.arc-en-ciel.ch
arcenciel@gstaad.ch
Leitung: Christiane Matti
★★★★ Hotel, 42 Zimmer, 80 Betten

Fensterplatz-Spezialangebot:
12.4.–28.5. und 27.9.–30.11.04
CHF 100.– pro Person im DZ inkl.
Schlemmer-Frühstücksbuffet.
Kinder (max. 2) gratis im
Zusatzbett.

Saison/Preise
Sommer: EZ CHF 105.–/178.–,
DZ CHF 181.–/362.–, je nach Zimmer
und Saison, inkl. Frühstücksbuffet.
Winter: EZ CHF 115.–/220.–, DZ CHF 210.–/439.–.
Specials und Pauschalen auf Anfrage. Kinder bis
16 Jahre gratis im Zusatzbett!

Lage
Ruhige Lage im Grünen, neben der Gondelbahn
Eggli. In nur 10 Fussminuten erreichen Sie die
autofreie Promenade von Gstaad.

Zimmer
Gemütliche Zimmer, alle mit Balkon, Telefon, Radio/TV, Minibar, Safe und Haartrockner. Nichtraucherzimmer auf Anfrage. Familienzimmer. Résidence mit Studios und Appartements.

Restaurants
Italienische und saisonale Spezialitäten in der
Pizzeria, im Nichtraucher Restaurant «La Sarine»,
im Wintergarten und auf der Sonnenterrasse.
Bekannt für die beste Pizza im Saanenland.
Spezielle Kinderkarte. Hotelhalle mit Loco's Bar.

Sport/Entspannung
Hoteleigenes geheiztes Schwimmbad mit
Liegewiese, Sauna, Solarium. Hotel-Velos, Tischtennis, Spielplatz mit Elektroautos.
Spielzimmer und Spielsalon für Kinder und Jugendliche. Im Sommer bietet Gstaad
wunderschöne Wanderungen und Spaziergänge, Tennisplätze, ein 18-Loch Golf und
idyllische Bergseen. Unmittelbar neben dem Hotel liegen die Skigebiete Eggli-
Videmanette und Wispile, die Langlaufloipen, die Winterwanderwege und die Schlittelbahn. In nur 15 Minuten erreichen Sie das hochalpine Skigebiet des Glaciers 3000.

Events
Gstaad bietet das ganze Jahr über kulturelle und sportliche Veranstaltungen für
jeden Geschmack: Beach Volley Ball (Juni), Allianz Swiss Open (Juli), Jehudi Menuhin
Festival (Juli–Sept.), Polo (August), Country Night (Sept.), Sommets Musicaux (Feb.).

BE GSTAAD

MOB Zweisimmen–Gstaad–Montreux, Bulle 43 km, Bern 88 km

HOTEL LE GRAND CHALET

«Dem 7. Himmel ganz nah!»
Man kommt – und fühlt sich sofort daheim im Haus mit dem charakteristischen Chalet-Ambiente und dem Restaurant der Spitzenklasse.

3780 Gstaad (Saanenland, 1100 m ü. M.)
Tel. 033 748 76 76, Fax 033 748 76 77
www.grandchalet.ch
hotel@grandchalet.ch
Franz Rosskogler, Direktion
★★★★ Hotel QQ
21 Zimmer, 48 Betten und 3 Suiten
Member of Swiss Golf Hotels

*Fensterplatz-Spezialangebot:
Doppelzimmer Nordost CHF 95.– pro Person im Juni, September, Oktober.*

Saison
Anfang Juni bis Mitte Oktober und Mitte Dezember bis Mitte April.

Preise
Doppelzimmer CHF 260.–/500.–, bei Einzelbenutzung CHF 170.–/400.– inkl. Frühstücksbuffet, Nutzung der Fitnessanlagen, Garage. Suiten und Spezialarrangements auf Anfrage.

Lage
Auf einem Hügel gelegen, mit herrlicher Panoramasicht. Rund 15 Minuten zu Fuss vom Dorfzentrum. Es gibt auch einen Hotelbus.

Zimmer
Geräumige und mit viel Liebe eingerichtete Zimmer. Harmonische Farben, viel Holz, komfortable Ausstattung, Balkon.

Küche
Marktfrische Küche, alles wird hausgemacht. Das Restaurant «La Bagatelle» (16 Gault-Millau-Punkte) bietet Erlebnis-Gastronomie par excellence, mit zweimal täglich neuer Speisekarte und einen Keller mit über 700 auserlesenen Weinen; gemütliches Restaurant der Spitzenklasse mit offenem Kaminfeuer; im Sommer grosse Sonnenterrasse. Gourmet-Wochen.

Fitness/Sport
Im Hause: Sauna, Dampfbad, Fitnessraum, geheiztes Aussenschwimmbad. Ansonsten bietet Gstaad reichste Möglichkeiten für Sommer- und Wintersport total.

BE   GSTAAD-LAUENEN

MOB Gstaad; PTT Gstaad–Lauenen, Gstaad 6 km, Bern 105 km

HOTEL ALPENLAND

Idyllisch an der Grenze zum paradiesischen Naturschutzgebiet Rohr-Lauenensee gelegenes Hotel, das gerade Kinder als unbestechliche Kritiker schätzt.

3782 Lauenen (Saanenland, 1240 m ü. M.)
Tel. 033 765 34 34, Fax 033 765 34 64
www.alpenland.ch
hotel@alpenland.ch
Leitung: Yvonne Blatter
★★★ Hotel im Chaletstil
20 Doppelzimmer
2 Appartements

Fensterplatz-Spezialangebot:
Frühlingserwachen: (30.4.–30.6.04)
Übernachtung im DZ inkl. Frühstück
CHF 76.– von So–Fr, CHF 85.– von Fr–So.

Alpenland-Romantik: (1.9.–30.10.04)
Übernachtung im DZ inkl. Frühstück
CHF 76.– von So–Fr, CHF 85.– von Fr–So.

Saison
Dezember–März und Mai–Oktober.
Preise
Je nach Zimmerlage und Saison: EZ CHF 100.–/290.–, DZ CHF 85.–/145.– p.P., Suiten CHF 75.–/180.– p.P. Preise inkl. Frühstücksbuffet. Aufpreis für Halbpension CHF 35.–.
Lage
Etwas erhöht über Gstaad,

ruhig und idyllisch an der Grenze zum paradiesischen Naturschutzgebiet Rohr-Lauenensee gelegen.
Zimmer
Gemütlich eingerichtet, alle mit Balkon, Bad, WC, Radio, TV, Minibar und Telefon. Alle Zimmer gegen Süden sind rollstuhlgängig.
Küche
Auf Wohlsein ausgerichtete Küche. Ob gediegen oder rustikal: Die Freude des Gastes am Feinen ist eine Herausforderung für das Küchenteam, nur das Beste zuzubereiten. Auf Wunsch auch vegetarische Mahlzeiten.
Sport/Erholung
In der Region Gstaad stehen nahezu sämtliche Möglichkeiten von Sommer- oder Wintersport offen. Ob biken oder wandern, Gipfel erklimmen oder dem Nichtstun frönen – hier wird die Nähe zur Natur, zur Bevölkerung und zum kulturellen Erbe einer Bergregion zum Erlebnis.
Besonderes
Eine besondere Freude des Hauses ist die Tatsache, dass auch Kinder immer wieder das «Alpenland» bevorzugen, sind sie doch die unbestechlichsten Kritiker.

BE **GUNTEN**

STI Thun–Gunten–Interlaken, Thun 8 km, Interlaken 17 km

PARKHOTEL AM SEE

Charaktervolles Jugendstil-Hotel in mediterranem Privatpark mit eigenem Seeanstoss.

3654 Gunten am Thunersee
(Berner Oberland, 567 m ü. M.)
Tel. 033 252 88 52, Fax 033 252 88 88
www.parkhotel-gunten.ch
info@ parkhotel-gunten.ch
Leitung: Philemon und Annelise Zwygart
★★★ Ferien- und Seminarhotel
im Jugendstil, 78 Betten

*Fensterplatz-Spezialangebot:
Verwöhntage zu zweit: 3.4.–30.5. 04
1 Übernachtung im DZ mit Balkon
Seeseite, Willkommensdrink, Cüpli,
Abendessen BaBouChi, Eintritt
ins Solbad Sigriswil CHF 160.–p. P.*

Saison
Anfang April bis Anfang Januar.
Preise
Einzel- wie Doppelzimmer ab CHF 55.– bis CHF 145.– pro Person, je nach Lage des Zimmers, Komfort und Saison (Preise ab 3 Tage). Zuschlag für Halbpension CHF 30.–, für Vollpension CHF 55.–. Spezialangebote und Arrangements auf Anfrage.
Lage
Top-Lage auf der rechten Thunersee-Seite. Gelegenheit zur Entspannung und Ruhe. Herrliches Panorama mit Alpen und tiefblauem See.
Zimmer
Helle Doppel- und Einzelzimmer, teils mit Balkon, Terrasse oder Loggia.
Küche
Lassen Sie sich verwöhnen! Spezialitäten aus der Schweiz, Frankreich und Italien bereiten grössten Genuss. Unsere neusten Angebote: BaBouChi und Spiess auf heissem Stein – lassen Sie sich überraschen!
Sport/Erholung
Der Badestrand lädt Gross und Klein zum Baden ein. Ausgangspunkt für unzählige reizvolle Ausflüge und Wanderungen. Solbad und Wassersport in der näheren Umgebung.
Besonderes
Kennen Sie unsere Seeterrasse? Direkt am Wasser ein lauschiger Platz unter Kastanienbäumen. Fühlen Sie sich wie zu Hause! Entspannung für Geist, Seele und Körper – wir verwöhnen Sie nach Ihren Wünschen.

BE   INTERLAKEN
BLS/SBB Bern/Luzern–Interlaken, Thun 25 km, Bern 55 km

HOTEL ARTOS

Christlich geführtes Hotel mit reichem Freizeit- und Kursangebot: Hier werden Erholungssuchende ganzheitlich verwöhnt.

3800 Interlaken, Alpenstrasse 45
zwischen Thuner- und Brienzersee,
(570 m ü. M.)
Tel. 033 828 88 44, Fax 033 828 88 40
www.artos-hotel.ch
mail@artos-hotel.ch
Leitung: Markus und Lea Hafner
★★★ Ferien- und Seminarhotel,
110 Betten, 75 Einzel-, Doppel-,
Grandlit-Zimmer und Suiten

Fensterplatz-Spezialangebot:
Wanderpauschale «Jungfrau» – 5 Nächte/HP,
mit vielen Extras, CHF 610.–/675.– p. P. im DZ.

Saison
Ganzjährig geöffnet.
Preise
Aufenthalte ab 5 Tage: EZ/HP CHF 101.– bis CHF 142.–, DZ/HP CHF 88.– bis CHF 120.– pro Person. Spezialarrangements für Freunde leichter Kost (Vollpension zum Preis von Halbpension, dafür nur einfaches Nachtessen).
Preise für kürzere Aufenthalte oder Zimmer mit Frühstück auf Anfrage.
Lage
Ruhig und doch zentrumsnah in schönem Garten, eine Viertelstunde zu Fuss ab Bahnhof Interlaken Ost.
Zimmer
Hell und geräumig im neuen, rustikal-gemütlich im älteren Hotelteil, alle mit Dusche/WC, TV, Radio und Telefon.

Küche
Reichhaltiges Frühstücksbuffet, 4-Gang-Abendessen mit Auswahlmöglichkeit.
Wellness/Fitness
Wellness-Anlage mit Einzelwhirlpools, Therme/Tepidarium, Duft- und Massagedusche, Dampfbad und Sauna. Physiotherapeutin mit eigener Praxis im Haus.
Ausflüge
Interlaken ist ideal als Ausgangspunkt für Ausflüge und Wanderungen in der Region Brienzer- und Thunersee oder ins Jungfraugebiet.
Besonderes
Regelmässiges Angebot von Morgenandacht, Gästeabend, Spaziergängen, Ausflügen, Konzerten, Dia-Schau und Filmvorführungen. Das ganze Jahr hindurch werden Ferien- und Kurswochen angeboten, von der Bibel-Ferienwoche bis zur Hausmusikwoche, vom Computer- bis zum Töpferkurs.

BE **INTERLAKEN**

BLS/SBB Bern–Interlaken, Luzern, Bern 55 km, Basel 150 km

HOTEL GOLDEY

Im innovativ und persönlich geführten Hotel kann man nicht nur, aber auch erotisch-romantische Zimmer buchen...

3800 Interlaken (am Thuner- und Brienzersee, 580 m ü. M.)
Tel. 033 826 44 45, Fax 033 826 44 40
www.goldey.ch
info@goldey.ch
Gastgeber: Familie A. Kuchen, dipl. Hotelier SHV
★★★ Hotel
40 Zimmer, 70 Betten

Fensterplatz-Spezialangebot:
Januar bis Ende April und November:
Übernachtung im DZ mit Frühstücksbuffet
CHF 90.– pro Person. Wenn verfügbar
upgrade für Midena-Gäste.

Saison
Geöffnet vom 15. Januar bis 30. November.
Preise
EZ CHF 150.–/190.–, DZ CHF 180.–/280.–, Frühstücksbuffet inbegriffen. Zuschlag für HP CHF 28.–; Zusatzbett CHF 40.–.
Lage
Einmalig schöne und sonnige Lage direkt am Aareufer. Obwohl abseits des Rummels gelegen, ist das Zentrum mit Casino und Kursaal über eine Fussgängerbrücke in nur 5 Geh-Minuten erreichbar. Prächtige Sicht in die Alpen.
Zimmer
Helle, modern und komfortabel eingerichtete Zimmer, sämtliche mit Bad/Dusche, WC, Radio, Telefon, Minibar, Safe, Haartrockner, TV, die meisten mit Balkon. Besonderheit: Loveroom – speziell eingerichtetes erotisch-romantisches Hochzeitszimmer – geeignet als Geschenk (nicht nur für Hochzeitspaare). Informationen unter www.loveroom.ch.
Küche
Exklusives Panorama-Restaurant für Hotelgäste mit 4-Gang-Abendessen, auf Wunsch vegetarische und Diät-Menüs.
Sport/Erholung
Gratis-Fahrräder. Gratiseintritt für Hotelgäste im öffentlichen Hallen- und Freibad (300 m vom Hotel entfernt). Tennis, Reiten in nächster Umgebung. Grosses Freizeitangebot sowie sämtliche Sommer- und Winter-Sportarten in Interlaken und Umgebung.
Besonderes
Besuchen Sie den Mysterypark – eine Attraktion bei jedem Wetter.

BE   **INTERLAKEN**
Thun 25 km, Bern 55 km

HOTEL INTERLAKEN

Wie einst Felix Mendelssohn und Lord Byron logiert man stilecht im historischen Hotel, mit dem kleinen Unterschied, dass dieses heute über jeden denkbaren Komfort verfügt...

3800 Interlaken, Höhenweg 74
(570 m ü. M.)
Tel. 033 826 68 68, Fax 033 826 68 69
www.interlakenhotel.ch
interlakenhotel@bluewin.ch
Anna Beutler, Gastgeberin
★★★★ Hotel, 60 Zimmer, 100 Betten
Best Western Hotel

Fensterplatz-Spezialangebot:
Ab 3 Übernachtungen im Doppelzimmer pro Person ab CHF 90.– inkl. Frühstücksbuffet.
Bei 5 Übernachtungen bezahlen Sie nur 4.
Halbpension CHF 45.– pro Person.

Saison
Ganzjährig geöffnet.
Preise
Winter: Einzelzimmer CHF 140.–/165.–, Doppelzimmer CHF 210.–/240.–, DZ superior CHF 255.–/275.–. Sommer EZ CHF 195.–/220.–, DZ CHF 290.–/320.–, DZ superior CHF 345.–/365.–, inkl. Frühstücksbuffet. Halbpension CHF 45.– pro Person.
Lage
Das traditionsreiche Hotel des bekannten Ferienortes liegt zentral am japanischen Garten. Nur 5 Gehminuten vom Bahnhof Interlaken-Ost, der als Ausgangspunkt für alle Ausflüge in die Jungfrau-Region dient.
Zimmer
Individuell eingerichtete Zimmer mit allem Komfort. Wireless-LAN.
46 Nichtraucherzimmer.
Küche
Innovative, marktfrische Küche im Restaurant «il giardino» mit seiner unverwechselbaren Atmosphäre. Im China-Restaurant «Lotus» verwöhnt Sie der Chefkoch aus der Provinz Canton mit fernöstlicher Erlebnisgastronomie.
Sport/Freizeit
Sauna, Hotelgarten mit Liegewiese. Von hier aus können alle Winter- und Sommersportarten betrieben werden; ein grosses, inspirierendes Wandergebiet steht Ihnen offen. Zur Abwechslung besuchen Sie das Jungfraujoch, das Freilichtmuseum Ballenberg, den Mystery-Park oder unternehmen eine Dampfschifffahrt auf dem Brienzer- oder Thunersee.

BE   **INTERLAKEN/BÖNIGEN**

BLS/Auto AG Interlaken–Bönigen, Interlaken 2 km, Bern 58 km

SEEHOTEL LA TERRASSE

Das Seehotel La Terrasse, die kleine Perle direkt am Brienzersee im «magical» Berner Oberland, wo alle auf ihre Rechnung kommen.

3806 Bönigen
(am Brienzersee, 569 m ü. M.)
Tel. 033 827 07 70, Fax 033 827 07 71
www.seehotelterrasse.ch
info@seehotelterrasse.ch
Leitung: Familie K. Hohermuth-Bichsel
★★★ Hotel, 65 Betten

Fensterplatz-Spezialangebot:
CHF 70.– pro Person im Doppelzimmer inkl. Frühstück vom Buffet, Eintritt zum «Magical Oberland»-Film im Mystery Park und Rundfahrt auf den Harder. Auf Anfrage und wenn genügend Platz ist das Angebot das ganze Jahr gültig.

Saison
Ganzjährig geöffnet. Betriebsferien im Januar.
Preise
Doppelzimmer CHF 178.–/234.–, Einzelzimmer CHF 97.–/123.–, je nach Saison und Zimmerkategorie, Frühstück inbegriffen. Aufpreis für Halbpension CHF 33.– pro Person und Tag. Doppelzimmer in Einzelbelegung CHF 30.– Zuschlag. Spezielle Angebote/Familienpreise auf Anfrage. Bei einem Aufenthalt von mehr als einer Woche ist die 8. Nacht geschenkt! Mystery Park Spezialangebot – fragen Sie nach.

Lage
Direkt am Brienzersee, nur wenige Minuten von Interlaken entfernt, an sonniger und ruhiger Lage. Ideal für Ausflüge in die Berge, für den Besuch kultureller Sehenswürdigkeiten oder für «actiongeladene» sportliche Aktivitäten.
Zimmer
Mit Balkon, Bad/WC oder Dusche/WC, Radio und Telefon, TV.
Küche
Originelle Mischung aus traditioneller und innovativer Küche. Verschiedene Fischspezialitäten. Restaurant und grosse Gartenterrasse.
Sport/Erholung
Bönigen und seine Umgebung bieten für jeden Geschmack etwas und lassen keine Wünsche offen. Einige Stichworte: wunderschöne Wanderrouten, verschiedenste Wassersportarten, geheiztes Freiluft-Schwimmbad, Riverrafting, Canyoning, Bungy-Jumping, Paragliding, Mountainbiking, Tennis, Golf, Reiten. Im Winter ist die Schnee-Arena des Jungfraugebiets in nur 20 Autominuten erreichbar.

BE INTERLAKEN/BÖNIGEN

BLS/Auto AG Interlaken–Bönigen, Interlaken 2km, Bern 56 km

HOTEL SEILER AU LAC

Familienhotel mit Herz, direkt am Brienzersee gelegen, das keine Wünsche offen lässt.

3806 Bönigen
Tel. 033 828 90 90, Fax 033 822 30 01
www.bestwestern.ch./seileraulac
oder: www.seileraulac.ch,
seileraulac@bluewin.ch
Erwin und Rosemary Zingg-Dinkel, Propr.
★★★★ Hotel
75 Betten, 42 Zimmer

Fensterplatz-Spezialangebot:
CHF 100.– pro Person mit Frühstück vom
1. März bis 30. April und ab 12.–31. Oktober.
HP-Zuschlag CHF 30.– pro Person.

Saison
Geschlossen vom 31.10.–20.12. und vom 10.1.–1.3.
Preise
Im EZ CHF 155.–/210.–, im DZ CHF 240.–/330.–, Salonzimmer CHF 330.–/390.–, Junior-Suiten CHF 400.–/480.–, inkl. Frühstücksbuffet und Abendessen mit Auswahlmenü (ab 3 Tagen). Spezialpreise im Winter.
Lage
An einmaliger, ruhiger Lage am romantischen Brienzersee, abseits von jeglichem Durchgangsverkehr.
Zimmer
Wunderschöne, grosszügig und geschmackvoll eingerichtete Zimmer mit dem üblichen Komfort, teilweise mit Balkon und Blick auf den See. Salonzimmer, Juniorsuiten und Honeymoon-Zimmer.

Küche
Saisonale Gerichte, die aus marktfrischem Gemüse und Fleisch aus artgerechter Haltung komponiert werden. Das komplett umgebaute
See-Restaurant «La Gare» mit der wunderschönen Terrasse ist bekannt für kreative Fischgerichte. Das «La Bohème», eine gemütliche Bar-Pizzeria, lädt abends zu entspanntem Zusammensein und Geniessen.
Sport/Fitness
Schwimmen im geheizten öffentlichen Strandbad oder im See. Wassersport auf dem Brienzersee. Freizeitanlagen (Reiten, Golf, Tennis) in Interlaken. Dampfschifffahrten auf dem Brienzersee. Idealer Ausgangspunkt für Wanderungen und Skisport. Der Mystery Park ist zu Fuss erreichbar! Wireless-LAN.

BE   **INTERLAKEN/ISELTWALD**

Bus Interlaken-Ost–Iseltwald, Interlaken 11 km

KINNERS BELLEVUE

Die Romanze am Brienzersee.

3807 Iseltwald
(am Brienzersee, 570 m ü. M.)
Tel. 033 845 11 10, Fax 033 845 12 77
www.kinners.ch
geniessen@kinners.ch
Hanspeter und Rosmarie Kinner
★★★ Hotel
Relais de Silence
11 Zimmer, 20 Betten

Fensterplatz-Spezialangebot:
Eine Übernachtung mit Frühstücks-
Schlemmer-Buffet und einem nichtalltäg-
lichen Fischfondue für CHF 99.– pro Person.
Gültig: 1.10.–30.11.04, 4.2.–31.5.05.

Saison
Februar bis November.
Preise
Pro Tag und Person CHF 139.– inkl. HP
(4-Gang-à-la-carte-Gourmet-Nachtessen,
inkl. alkoholfreie Getränke, Kaffee oder
Tee zum Essen).
Einzelzimmer CHF 82.–/86.–,
Doppelzimmer CHF 164.–/172.–,
inkl. Frühstücks-Schlemmerbuffet.

Lage
Im malerischen Fischerdörfchen
liegt die Romanze am Brienzersee,
abseits von Durchgangsverkehr
und Hektik. Ein mildes, angenehmes
Klima zeichnet die Oase am
Brienzersee aus.
Zimmer
Gemütlich eingerichtete Zimmer mit Dusche,
Bad, WC, Haartrockner, TV, Telefon; die meisten mit
Balkon und einmaliger Aussicht.
Küche
Gepflegte Kulinarik aus ausschliesslich frischen
Zutaten. Vorwiegend Fischspezialitäten eigener
Berufsfischer und Fleischspezialitäten (Buchenholz-
grill) auf einer der romantischen Terrassen, in der Arvenstube oder im «Fischgrill»
mit Seesicht.
Freizeit/Kultur
Alle bekannten Ausflugsziele im Berner
Oberland sind von hier aus in kurzer Zeit
erreichbar: Ballenberg, Mystery Park, Beatus-
höhlen, Jungfrauregion mit Schilthorn und
James Bond-Drehrestaurant. Ausgangspunkt
für Wanderungen, Bike-, Velo- oder Bergtouren
oder Sport auf dem See.

BE   INTERLAKEN/WILDERSWIL

Bus Linie 5 ab Interlaken-West, Interlaken 3 km, Bern 58 km

HOTEL ALPENBLICK

In allen vier Jahreszeiten ein Paradies für Geniesser und Erlebnishungrige.

Fensterplatz-Spezialangebot:
Bis 5. Juni und ab 18. September:
1 Übernachtung im Standard-DZ mit mysteriösem 5-Gang-Abendessen zu CHF 99.– pro Person.

3812 Wilderswil
(Jungfraugebiet, 600 m ü. M.)
Tel. 033 828 35 50, Fax 033 828 35 51
www.hotel-alpenblick.ch
info@hotel-alpenblick.ch
Richard und Yvonne Stöckli
Landgasthof

Saison
Ganzjährig geöffnet.
Preise
Einzelübernachtung ab CHF 60.–, Kurzaufenthalte für 3 Nächte ab CHF 199.– p.P. im DZ, inkl. Frühstücksbuffet. Zuschläge für grössere Zimmerkategorien bis CHF 25.–p.P. Diverse Spezialarrangements.
Lage
Zentral gelegen. Hinter jedem Hügel, jedem Berg plätschernde Bäche, romantische Waldhütten, satte Weiden, Seen zum Verweilen.

Zimmer
Die rustikal eingerichteten Zimmer sind alle ausgestattet mit Dusche/WC, TV, Radio, Telefon und Minibar.
Küche
Eine der führenden Küchen im Berner Oberland: Genuss pur im Gourmet-Stübli (saisonal und marktfrisch, 16 Punkte Gault Millau), Schweizer Köstlichkeiten in der Dorfstube, Sommerterrasse mit hausgemachtem Kuchen. Weinkeller mit 600 verschiedenen Weinen, darunter 200 Schweizer Weine.

Freizeit/Kultur
Vor der Kulisse der Jungfrau-Bergwelt bleiben keine Wünsche offen! Mystery-Park pur: Spezial-Angebote.

BE   **INTERLAKEN/WILDERSWIL**

Bus Linie 5 ab Interlaken-West, Interlaken 3 km, Bern 58 km

HOTEL BÄREN

Sprichwörtlich herzliche und familiäre Atmosphäre, die bewirkt, dass man sich sofort zu Hause fühlt und immer gern wieder kommt.

3812 Wilderswil
am Bärenplatz (600 m ü. M.)
Tel. 033 828 31 51, Fax 033 828 31 52
www.baeren.ch
info@baeren.ch
Fritz und Gabi Zurschmiede-Melo, Gastgeber
★★★ Hotel, historischer Landgasthof
50 Zimmer, 80 Betten

Fensterplatz-Spezialangebot:
Erleben und geniessen! Mysterypark und Bärennächte: 2 Übernachtungen mit Frühstück und Eintrittsgutschein für den Mysterypark ab CHF 212.– p.P. im DZ.

Saison
Betriebsferien vom 25. 10. bis 10. 12. 2004
Preise
Zimmerpreis pro Nacht, je nach Grösse und Saison: Einzelzimmer CHF 70.–/110.–, Doppelzimmer CHF 140.–/210.–, inklusive Frühstücksbuffet mit ländlichen Frischprodukten. Saunabenützung gratis. Zuschlag für HP CHF 28.–. Wochenpauschalen inkl. HP im EZ CHF 693.–/903.–, im DZ CHF 1176.–/1624.–. Seniorenrabatt von 10 % auf Wochenpauschalen.
Lage
Zentral gelegen, inmitten der grandiosen Oberländer Bergwelt in der Jungfrauregion.
Zimmer
Das Tavernenrecht seit 1706 verbürgt traditionsreiche Gastfreundschaft; die 50 komfortablen, hübsch eingerichteten Zimmer verfügen sämtliche über Bad/Dusche, WC, Kabel-TV und -Radio, Telefon und Minibar. Selbstbedienungs-Waschraum mit Waschmaschinen und Trockner.
Küche
Abwechslungsreiche, gutbürgerliche Küche im urgemütlichen RUSTICA, in der BÄRENSTUBE und in der sonnigen PIZZERIA BOCCALINO mit grosser Gartenterrasse; tagsüber Kaffeestube.
Sport/Erholung
Sauna und Biosauna, Solarium, Fitness- und Gymnastikraum, Wellfeel-Wasserbettmassage, Gratis-Fahrräder und MTB. Diverse Aufenthaltsräume, Fernsehraum, Kinderspielzimmer. In Interlaken und Umgebung können sämtliche Sommer- und Wintersportarten betrieben werden; grosses Kultur- und Unterhaltungs-Angebot.

BE   KANDERSTEG

BLS Thun–Kandersteg–Brig, Bern 55 km, Zürich 200 km

HOTEL BERNERHOF

Kanderstegs beste Aussichten hat man von den «Blümlisalp»-Zimmern des Bernerhofs aus...

Fensterplatz-Spezialangebot: «Blümlisalp»-Zimmer CHF 85.– pro Person/ZF ab 3 Nächten Aufenthalt. Gültig in den Monaten Januar, März, Mai und Oktober.

3718 Kandersteg
(Berner Oberland, 1200 m ü. M.)
Tel. 033 675 88 75, Fax 033 675 88 77
www.bernerhof.ch
hotel@bernerhof.ch
Claudia und Gerhard Lehmann, Propr.
★★★ Hotel
45 Zimmer, 75 Betten

Saison
Anfang Mai bis Ende Oktober, Anfang Dezember bis Ende März.
Preise
Einzelzimmer CHF 90.–/125.–, Doppelzimmer CHF 155.–/215.–, Suiten CHF 250.–/290.–, reichhaltiges Frühstücksbuffet inbegriffen. Zuschlag Halbpension (4-Gang-Menü mit Wahlmöglichkeit) CHF 32.– pro Person und Tag. Attraktive Spezialangebote auf Anfrage. Inkl. Benützung Kinderspielzimmer.
Lage/Geschichte
An bevorzugter, zentraler Lage im Herzen von Kandersteg gelegen, 4 Fussminuten vom Bahnhof (IC/EC) entfernt.
Zimmer
Gemütlich eingerichtete Zimmer mit Balkon, Bad/Dusche, WC, Haartrockner, TV, Radio, Telefon mit Modem-/Fax-Anschluss.

Küche
Gepflegtes Restaurant mit vorzüglicher Küche und auserlesenen Weinen. Internationale und Schweizer Spezialitäten.
Sport/Erholung
Sauna, Soft-Dampfbad, Solarium, Eisgrotte, Kneipp, Erlebnisdusche und Fitnessraum im Haus. Umfangreiches Angebot an Sommer- und Wintersportarten. Freibad neben dem Hotel; Langlaufloipen-Einstieg vor dem Haus; Tennis in nächster Umgebung; Hoteleigene Bikes. Ausgansunkt für unzählige Wanderungen und Spaziergänge. Bekannte Ausflugsziele sind der Blausee, der Oeschinensee und das Gasterntal.
Besonderes
Von der Besitzerfamilie persönlich geführtes Haus; ein Geheimtipp auch für Feste und Bankette.

BE **KANDERSTEG**
BLS Thun–Kandersteg–Brig, Thun 33 km, Interlaken 43 km

HOTEL ERMITAGE

Haus und Umgebung sind ein Kinderparadies. Eine Oase der Geborgenheit, in der man sich sogleich heimisch fühlt.

3718 Kandersteg
(Berner Oberland, 1200 m ü. M.)
Tel. 033 675 80 20, Fax 033 675 80 21
www.ermitage-kandersteg.ch
info@ermitage-kandersteg.ch
Rosmarie und Karl Bieri-Keller
★★★ Hotel QQ
13 Zimmer, 32 Betten;
2 Familienappartements mit 6 Betten

Fensterplatz-Spezialangebot: Wann immer Sie kommen: Übernachtung im DZ inkl. Frühstücksbuffet ab CHF 75.– pro Person.

Saison
Ganzjährig geöffnet. Restaurant November und April geschlossen.

Preise
Die Preise verstehen sich pro Person und Tag, inkl. Frühstücksbuffet:
DZ CHF 75.–/80.–,
DZ-«Suite» CHF 85.–/95.–;
Zuschlag Einzelzimmer CHF 15.–, Halbpension (ab 3 Tagen) CHF 25.–.
Kinder im Zimmer der Eltern gratis, Familienpauschalen auf Anfrage.

Lage
Idyllisch und ruhig etwas abseits vom Dorfzentrum gelegen, mit freiem Blick auf die Oberländer Bergwelt. Gratis Transferdienst ab Bahnhof (3 Minuten). Neben der Sesselbahn-Talstation zum Oeschinensee.

Zimmer
Sanft renovierte, grosszügige, helle und ruhige Zimmer mit Blick auf die Berge von Kandersteg. Bad/Dusche, WC, Telefon, Radio, TV; teilweise mit Balkon/Liegestühlen, Whirlpool, Sauna.

Küche
Kulinarische Köstlichkeiten aus «Rosmaries Küche», vorzugsweise aus Frischprodukten aus der näheren Umgebung und in biologischer Qualität. Gepflegter Weinkeller.

Sport/Freizeit
Ausgangsort für Wanderungen zu Fuss oder per Bike und für grössere Bergtouren. Beliebte Ziele: Oeschinensee (Rudern, Sommerrodelbahn, Berghüttenromantik), Blausee usw. Vielfältige Sport- und Freizeitmöglichkeiten in Dorf und Umgebung, sowohl im Sommer wie im Winter. Und sollte man einmal kein Wetterglück haben, ist man in 20 Minuten jenseits des Lötschbergs im Wallis, wo meist die Sonne scheint.

BE KRATTIGEN

ASKAe Spiez–Krattigen, Interlaken und Thun 15 km, Bern 43 km

HOTEL-RESTAURANT
BELLEVUE-BÄREN

3704 Krattigen
(im Berner Oberland, Region Thunersee, 750 m ü. M.)
Tel. 033 655 61 44, Fax 033 654 61 77
www.bellevue-krattigen.ch
bellevue-baeren@bluewin.ch
Leitung: Familie E. Müller-Körber
★★★ Hotel im Chaletstil
rollstuhlgängig
29 Zimmern und 55 Betten

Das Verwöhnen der Gäste ist oberstes Gebot in diesem landschaftlich reizvoll über dem Thunersee gelegenen Chalethotel.

*Fensterplatz-Spezialangebot:
Übernachtung im Doppelzimmer
CHF 70.–/80.– pro Person, inkl. Frühstücksbuffet, Apéro und Glacecoupe.*

Saison
Ganzjährig geöffnet.
Preise
Zimmer mit Frühstücksbuffet
CHF 70.–/80.– pro Person, Halbpension (ab 3 Tagen) CHF 90.–/100.–. Zuschlag für Vollpension CHF 25.–, Zuschlag für Einzelzimmer CHF 10.–; Reduktion im Dreibettzimmer. Günstige Wochenangebote zwischen Neujahr und Ende März: CHF 520.– für 7 Tage Halbpension im Doppelzimmer.
Lage
Krattigen ist in schöner, ruhiger Aussichtslage über dem Thunersee in eine Landschaft eingebettet, die ihr natürliches Gesamtbild bewahrt hat. Thunersee, Spiez oder Interlaken sind mit dem Postauto oder mit dem eigenen Auto innerhalb von wenigen Minuten erreichbar.

Zimmer
Mit Bad/WC oder Dusche/WC, Minibar, Radio, Telefon, Haartrockner, Kabelfernsehen. Sämtliche Zimmer sind auf der Seeseite gelegen und verfügen über einen Balkon.
Küche
Traditionelle Küche. Rustikales A-la-carte-Restaurant und Panorama-Terrasse.
Sport/Freizeit
Ski alpin und Langlauf in nächster Umgebung. Strandbad mit Restaurant. Hallenbad im Nachbardorf. Alle Arten von Wassersport auf dem Thunersee. Ausgangspunkt für wunderschöne Wanderungen. Besuch im Mystery Park.
Besonderes
Es stehen im Hotel auch Lokalitäten mit prächtiger Aussicht für Familien-, Vereins- und Gruppenanlässe zur Verfügung.

BE **LAUTERBRUNNEN**

BOB Interlaken–Lauterbrunnen-Wengen, Interlaken 13 km

HOTEL SILBERHORN

3822 Lauterbrunnen
(Lauterbrunnental, 800 m ü. M.)
Tel. 033 856 22 10, Fax 033 855 42 13
www.silberhorn.com
info@silberhorn.com
Familie von Allmen
★★★ Ferienhotel, 32 Zimmer

Fensterplatz-Angebot:
Für CHF 85.– p.P.: Übernachtung mit Frühstücksbuffet und Gratis-Eintritt für die Trümmelbachfälle (10 Gletscherwasserfälle im Berginnern, mit Lift erreichbar). Gültig April bis Ende Oktober.

Saison
Mitte Dezember bis Ende Oktober.

Preise
EZ CHF 75.–/90.–, mit HP CHF 108.–/118.–; DZ CHF 150.–/190.–, mit HP CHF 206.–/246.–; inklusive reichhaltigem Frühstücksbuffet. Diverse attraktive Pauschalangebote auf Anfrage.

Lage
Am Fuss von Eiger, Mönch und Jungfrau sehr ruhig und dennoch nur 2 Minuten von der Bahnstation ins Ski- und Wandergebiet entfernt. Die klare Bergluft, die Nähe zur Natur und der Blick auf den 300 m hohen Staubbachfall sind nur drei von vielen Argumenten für erholsames Auftanken abseits der Alltagshektik.

Zimmer
Grosszügige, gemütlich eingerichtete Zimmer, alle mit Telefon, TV, Radio, Wecker und Haartrockner, viele mit Balkon und traumhaftem Weitblick.

Küche
Ideenreiches A-la-carte-Angebot und täglich wechselndes 5-Gang-Menü inkl. Salatbuffet im elegant gemütlichen Speisesaal mit Wintergarten.

Sport/Erholung
Idealer Ausgangspunkt für Wander- und Bergtouren; im Sommer wie im Winter bieten sich unzählige Möglichkeiten für sportliche Betätigung in der nahen Umgebung.

BE LENK

MOB Zweisimmen–Lenk, Zweisimmen 13 km, Spiez 45 km

HOTEL KRONE

Ein Ort zum Ausspannen – nicht nur, aber auch für junge Eltern, die ihre Kinder gut betreut wissen.

3775 Lenk (im Simmental,
Berner Oberland, 1068 m ü. M.)
Tel. 033 736 33 44, Fax 033 736 33 40
www.krone-lenk.ch
info@krone-lenk.ch
Leitung: Familie Messerli, Besitzer
★★★ Hotel im Chaletstil, rustikal,
60 Betten

*Fensterplatz-Spezialangebot:
Aktiv-Woche
(19.–27.6., 28.8.–5.9., 9.–17.10.)
7 Übernachtungen inkl. Frühstück
CHF 841.– pro Person im Doppelzimmer.*

Saison
Ganzjährig geöffnet.
Preise
Doppelzimmer im Sommer
CHF 100.–/120.–, im Winter CHF 115.–/135.– pro Person, inkl. Frühstück sowie Benützung von Spielzimmer, Hallenbad mit Sprudelbad und Fitness-Einrichtung. Aufpreis für Halbpension CHF 25.–.
Lage
An der autofreien Dorfplatzanlage, direkt beim Start der Langlaufloipe, bei den Tennisplätzen und der Kunsteisbahn. Zwei Minuten vom Bahnhof entfernt. Unvergesslicher Ausblick auf eine phantastische Bergwelt.
Zimmer
Alle Zimmer sind mit viel Holz ausgerüstet: Sie verfügen über Bad/WC oder Dusche/WC, TV, Radio, Telefon sowie Balkon oder Terrasse. Einige Zimmer mit Kochgelegenheit. Ferner bieten wir Appartements, Studios und Juniorsuite sowie spezielle Zimmer für Behinderte an.
Küche
Kulinarische Entdeckungstouren mit feinen Köstlichkeiten, sei es auf der Gartenterrasse, im Restaurant «Panorama», in der «Emmentalerstube» oder im «Fonduestübli». Neu: Pizzeria.
Sport
Die Möglichkeiten sind zahllos: Spazieren, Wandern, Biken, Schwimmen, Tennis, Bergtouren usw. Im Winter steht Ihnen an der Lenk ein sehr gut erschlossenes Skigebiet zur Verfügung.
Besonderes
Auch die kleinen Gäste fühlen sich hier wohl: Auf sie wartet ein unentgeltlich betreuter Kindergarten, ein Spielplatz und ein Streichelzoo. Nicht umsonst ist die «Krone Lenk» Mitglied des «Clubs kinderfreundlicher Schweizer Hotels». Hoteleigenes Hallen- und Sprudelbad. BEDA's Massage.

BE | **MEIRINGEN/HASLIBERG**

SBB Luzern–Interlaken, Bern 80 km, Zürich 130 km

PARKHOTEL DU SAUVAGE

Ausser «Mord im Hotel» ist hier gar
nichts unheimlich – ausser eben unheimlich
angenehm und schön…

3860 Meiringen
(Berner Oberland, 600 m ü. M.)
Tel. 033 971 41 41, Fax 033 971 43 00
www.sauvage.ch; info@sauvage.ch
Stefan und Marlene Röösli-Huber,
dipl. Hotelier SHV/VDH
★★★★ Hotel im Jugendstil
140 Betten, 75 Zimmer

Fensterplatz-Spezialangebot:
1. März–6. Juni sowie 1. Oktober–23. Dezember:
Übernachtung im DZ mit Frühstücksbuffet für
CHF 80.– pro Person.

Saison
Ganzjährig geöffnet.

Preise
EZ CHF 85.–/165.–, DZ CHF 160.–/260.– (grosses
Frühstücksbuffet inkl.) je nach Standard und
Aufenthaltsdauer. Aufpreis für HP CHF 35.–.
Kinder bis 6 Jahre im Zimmer der Eltern gratis;
ab 6 Jahren 50 % Ermässigung im Zimmer der
Eltern.

Lage
Traditionsreiches Haus (1880) im Dorfzentrum
inmitten schöner Parkanlage, sorgfältig
renoviert. Jugendstil-Ambiente mit Panoramasicht auf Berge, Gletscher und Wasserfälle.
Nähe Talstation Meiringen-Haslibergbahnen
und Bahnhof.

Zimmer
41 Standard- und 34 Deluxe-Zimmer, mit besonderer Auf-
merksamkeit eingerichtet. Alle mit Bad/Dusche und
WC, Telefon, TV, Wireless LAN-Internetzugriff im gesamten
Hotel, Minibar und Safe.

Küche
Exklusiv für Hotelgäste: Speisesäle «Belle Epoque», «Le
Salon jaune» und «Le Salon rose.» A-la-carte-Restaurant-
Bar-Pub «Kristall» mit grosser Terrasse, «La Véranda» und
«Sauvage-Bar» mit Wintergarten. Spezialitäten: Sommer-
buffets im Gartenpark oder auf der Terrasse.

Sport/Unterhaltung
Liegewiese im Hotelgarten, Billard, Flipperkasten, Krimi-
bibliothek. Hallenbad, Fitness-Center mit Sauna, Kraftraum und Türkischem Bad,
Tennis in unmittelbarer Nähe. Grossartiges Wander- und Wintersportgebiet.

Besonderes
Pauschalarrangements für Ski alpin und Winterwandern. Organisation von «Mord
im Hotel», so ganz unter dem Motto: «Auf den Spuren von Sherlock Holmes…»
Sherlock Holmes Museum.

BE   **MÜRREN**

BLM Interlaken–Lauterbrunnen–Mürren oder Luftseilbahn ab Stechelberg, Interlaken 18 km

HOTEL ANFI PALACE

Mächtig und prächtig steht das persönlich geführte Ferienhotel auf dem sonnigsten Plateau der Jungfrauregion.
Das erste Haus am Platz lädt zu aktiver Erholung ein.

3825 Mürren, autofrei
(Berner Oberland, 1640 m ü. M.)
Tel. 033 856 99 99, Fax 033 856 99 98
www.muerren.ch/palace
palace@muerren.ch
Gastgeber: Claudia und Christof A. Willi
★★★★ Hotel
120 Betten

Fensterplatz-Spezialangebot:
Übernachtung im DZ mit Frühstück
CHF 99.– pro Person. Gültig vom
13.12.–19.12., 3.4.–1.5., 26.9.–6.11.

Saison
Mitte Dezember bis Anfang Mai und Anfang Juni bis Mitte November.
Preise
Sommerpreise: EZ CHF 150.–/165.–, DZ CHF 120.–/155.– pro Person und Tag. Winter: EZ CHF 170.–/220.–, DZ CHF 135.–/215.–. Reichhaltiges Frühstücksbuffet inbegriffen. Halbpension: 4-Gang-Candlelight-Dinner mit Auswahlmöglichkeiten nur CHF 30.– Aufpreis.

Lage
Nur 3 Gehminuten zum kleinen Bergbahnhof von Mürren, direkt bei Skipiste und Wanderwegen. Das 125-jährige Traditionshaus ist direkt mit dem Alpinen Kur- und Sportzentrum AKSZ, dem Sportmuseum und der Tourismus-Information verbunden.

Zimmer
Spektakuläre Bergsicht auf Eiger, Mönch und Jungfrau; luxuriös ausgestattet, modern, hell und elegant eingerichtet.
Küche
Vielfältige Restauration garantiert kulinarische Sternstunden in gepflegtem Ambiente. Weitherum bekannte Feinschmecker-Küche für internationale und einheimische Gerichte im «Peppino», im «Bistro» und auf der Sonnenterrasse. «Ballon-Bar», «Inferno-Nachtclub» usw.
Sport/Wellness
Ob Erlebniswandern, Tennis, Bergsteigen und Paragliding im Sommer oder Skifahren, Snowboarden, Carven, Eislaufen, Curling oder Schlitteln im Winter: Sport ist Trumpf. Schwimmbad, Sauna, Solarium, Fitnessraum, Squash, Massage usw., im AKSZ findet sich alles.

BE   MÜRREN

BLM Interlaken–Lauterbrunnen–Mürren oder Luftseilbahn ab Stechelberg, Interlaken 18 km

HOTEL JUNGFRAU
UND HAUS MÖNCH

Wieviel Luxus gewünscht ist, kann selbst bestimmt werden; die gute Stimmung hingegen gibts so oder so.

3825 Mürren, autofreier Ort
(Jungfrau-Region, 1650 m ü. M.)
Tel. 033 855 45 45, Fax 033 855 45 49
www.hoteljungfrau.ch
mail@hoteljungfrau.ch
Andres und Anne-Marie Goetschi
★★★Hotel
29 Zimmer im Hotel, 20 Zimmer und
2 Ferienwohnungen im Haus Mönch

*Fensterplatz-Spezialangebot:
Übernachtung im DZ mit Frühstück pro Person CHF 78.–. Gültig ab 15.5.–5.10.2004.*

*James Bond Spezial:
Ab 2 Nächten 1 Frühstück im Drehrestaurant Piz Gloria.*

Saison
Dezember–April und Juni–Ende September.
Preise
Preise pro Person und Nacht im DZ,
Frühstück inbegriffen. Hotel/Sommer:
CHF 95.–/105.–; Winter: CHF 135.–/155.–.
Haus Mönch/Sommer: CHF 70.–; Winter:
CHF 95.–/105.–. Halbpensionszuschlag CHF 35.–.
Freier Eintritt ins Sportzentrum und Gepäcktransport
inbegriffen.
Lage
Ruhig gelegen im Zentrum von Mürren, 2 Gehminuten zur Allmendhubelbahn und zum Sportzentrum. Direkt an Skipiste und Wanderwegen, neben Skischule und -Kindergarten.

Zimmer
Alle Zimmer mit Dusche/WC oder Bad/WC, TV,
Radio, Telefon, Haartrockner. Zimmer mit Sicht auf Eiger, Mönch und Jungfrau oder
Allmendhubel und Schilthorn. Zwei Zimmer sind behindertengerecht eingerichtet.
Küche
Im rustikalen A-la-carte-Restaurant Gruebi, einem achteckigen Bau mit viel
Ambiance und grosser Sonnenterrasse, verwöhnen wir Sie mit frisch zubereiteten
Saisonprodukten. Internationale Weinkarte.
Freizeit/Sport
Im benachbarten Sportzentrum: Hallen- und Sprudelbad, Indoor-Sport in Mehrzweckhalle, Squash-Courts, Fitnessraum, Sauna, Dampfbad, Solarium. 3 Kunststoff-Tennisplätze, Streetball-Anlage, Gartenschach, Minigolf, Kunsteisbahn mit Hockeyfeld, Curlingrinks.
Besonderes
Mürren ist ein autofreier Kurort, der nur mit der Bahn, dem Mountainbike oder zu
Fuss erreichbar ist.

BE OBERHOFEN
STI 21 Thun–Oberhofen–Interlaken, Thun 5 km, Interlaken 18 km

PARK HOTEL OBERHOFEN

Das Hotel mit Aussicht und Weitsicht.
Genuss pur über dem Thunersee.

3653 Oberhofen am Thunersee
(560 m ü. M.)
Tel. 033 244 91 91, Fax 033 244 91 92
www.parkhoteloberhofen.ch
info@parkhoteloberhofen.ch
Heinz und Doris Rüfenacht
dipl. Hotelier/Restaurateur SHV
★★★ Hotel, 40 Zimmer, 65 Betten

Fensterplatz-Spezialangebot:
Erotische Nächte statt stressige Tage:
Haben Sie Ihrer Partnerin oder Ihrem
Partner schon lange eine Abwechslung
vom Alltäglichen versprochen?
CHF 95.– p. P. mit reichhaltigem Frühstück.
Zuschlag für ein aphrodisierendes
5-Gang-Dinner CHF 72.–.

Saison
Ganzjährig geöffnet.
Preise
DZ CHF 110.–/165.– p. P. und Nacht, inkl. reichhaltigem Frühstücksstücksbuffet, Parkplatz und die Benützung der Minigolfanlage im Hotelpark.

Lage
Über den Dächern von Oberhofen gelegen, mit einem phänomenalen Ausblick auf den Thunersee und die umliegenden Berner Alpen. Im PARK HOTEL spürt man den Zeitgeist wie auch den «Spirit» vergangener Tage. Mit öffentlichen Verkehrsmitteln bequem zu erreichen (Busstation beim Hotel, Kursschiff nach Interlaken oder Thun). Autobahnanschluss Thun-Nord.
Zimmer
40 helle und freundlich eingerichtete Zimmer, grösstenteils mit Balkon und traumhafter Seesicht inklusive. Sämtliche Zimmer sind mit Dusche/WC, Kabel-TV, Radio, teils mit Hifi-Anlage, Telefon, Haartrockner, Kaffee-, Teekocher und ISDN-Anschluss ausgerüstet. Ganz neu: grosszügige Ferienwohnung mit Hotelservice.
Küche
Neu gestaltetes Restaurant «IM PARK». Naturnahe, marktfrische und qualitativ hoch stehende Küche. Eine gediegene Bar lädt zum Feierabendbier wie zum Einstimmen auf kulinarische Genüsse. Bei Kaffee und Kuchen lässt sich der sonnige Nachmittag im Park speziell erholsam verbringen. Ein Nachtessen auf der Sommerterrasse des Hotels ist ein spezielles Erlebnis, denn die Sonnenuntergänge über dem Thunersee und das glühende Abendrot auf Eiger, Mönch und Jungfrau sind spektakulär.
Sport/Erholung
Hoteleigene Mountainbikes für eine Tour rund um den Thunersee. Besuch des grossen, externen Wellness- und Fitnesscenters auf Kosten des Hauses. Eine Fahrt aufs Jungfraujoch, der höchstgelegenen Eisenbahnstation Europas, lockt genauso wie ein Besuch in Erich von Dänikens Mysterypark in Interlaken.

BE WENGEN

BOB Interlaken–Lauterbrunnen–Wengen, Interlaken 20 km, Bern 70 km

---

HOTEL REGINA

*Im viktorianisches Stilhotel an einzigartiger
Aussichtslage schaffen Komfort und Ruhe
ein Klima, in dem neue Kräfte getankt werden
können.*

3823 Wengen, verkehrsfrei,
(Jungfraugebiet, 1275 m ü. M.)
Tel. 033 856 58 58, Fax 033 856 58 50
www.wengen.com/hotel/regina
regina@wengen.com
Ariane und Guido Meyer, Propr.
★★★★ Hotel *QQ*
156 Betten

*Fensterplatz-Spezialangebot:
Auf Anfrage oder unter
www.wengen.com/hotel/regina*

Saison
Ganzjährig geöffnet.
Preise
EZ CHF 115.– bis CHF 250.–,
DZ CHF 125.– bis CHF 250.–
pro Person und Nacht, je
nach Zimmer und Saison.
Lage
Das viktorianische Stilhotel
befindet sich an leicht
erhöhter Lage mit einzigar-
tiger Aussicht auf das
Jungfrau-Massiv.
Zimmer
Mit Dusche oder Bad/WC, Radio, TV, Telefon, die meisten mit Balkon. Die Zimmer
sind sehr stilvoll und individuell eingerichtet, Sorgfalt wird im kleinsten Detail
spürbar.
Küche
Täglich grosses warmes und kaltes Vorspeisen- und Salatbuffet, Suppe, 4 Hauptge-
richte zur Auswahl (täglich ein Fisch- und ein vegetarisches Menü), Früchte- und
Käsebuffet. Neues A-la-carte-Restaurant «Chez Mayer's» für einen speziellen Abend
(15 Punkte Gault Millau). Einmal wöchentlich Gala-Dîner bei Kerzenlicht.
Erholung/Sport/Freizeit
Sauna, Solarium, Dampfbad, Fitnessraum, Massagen und Thalgo-Behandlungen
im Haus. Im Winter alle alpinen Wintersportarten wie Skifahren und Snowboarden
(kilometerlange Pisten), Rodeln, Curling, Langlauf, Eislauf und Winterwandern.
Im Sommer Tennis, Golf, Minigolf, Schwimmen, Mountainbiking, Paragliding und
Riverrafting. Ausgangspunkt für prächtige Wanderungen und Bergtouren. Wer es
gemütlich mag, geniesst einen «faulen» Tag auf der Sonnenterrasse.
Besonderes
In der grossen Halle trifft man sich an der Hotelbar. Ein Höhepunkt für unvergessliche Abende: Die Diskothek «Le Carrousel».

fensterplatz

WALLIS – VALAIS

VS BETTMERALP
FO Brig–Betten/Luftseilbahn, Brig 10 Km, Luzern 130 Km

HOTEL ALPFRIEDEN

Familienhotel vor der einmaligen Kulisse des grossen Aletschgletschers, traumhafte Sonnenuntergänge über den Viertausendern oder Natur pur im Naturschutzgebiet Aletschwald...

3992 Bettmeralp
(autofreier Kurort, Aletsch, 1950 m ü. M)
Tel. 027 927 22 32, Fax 027 927 10 11
www.alpfrieden.ch
mail@alpfrieden.ch
Familie H. Minnig
★★★ Hotel
26 Zimmer, 50 Betten

*Fensterplatz-Spezialangebot:
25. Juni bis 17. Oktober: Übernachtung im Doppelzimmer, inkl. Frühstücksbuffet, ab CHF 85.– pro Person.*

Saison
Juli bis Oktober und Dezember bis April.
Preise
Im Sommer: CHF 85.–/115.–, im Winter CHF 135.–/155.–, inklusive Frühstücksbuffet.
Lage
Im Herzen der autofreien Bettmeralp gelegen, verfügt das Hotel über eine einzigartige Panoramasicht auf die Walliser Alpen.
Zimmer
Die renovierten Zimmer strahlen Behaglichkeit aus. Sie verfügen alle über Bad/Dusche, WC, Telefon, Minibar, Radio und TV, grösstenteils mit Balkon.

Küche
Mitglied der «Gilde etablierter Köche»: Grosses A-la-carte-Angebot, auserlesene Weine und neu 20 Flaschenweine im Offenausschank.
Sport
Die Bettmeralp begeistert zu jeder Jahreszeit – im Winter als schneesicheres, voll erschlossenes und familienfreundliches Skiparadies, im Sommer als Wandergebiet und idealer Ausgangspunkt für Bergtouren.
Besonderes
Bestens geeignet für Seminare und Bankette in familiärer Atmosphäre, in der die persönliche Betreuung der Gäste zu den Selbstverständlichkeiten gehört.

VS BETTMERALP

FO Brig–Betten/Luftseilbahn, Brig 10 km

CHALET-HOTEL BETTMERHOF

Small but beautiful: Persönlich geführtes, komfortables Ferien-Zuhause mit schönen Aussichten – nicht nur aufs Matterhorn...

3992 Bettmeralp
(autofreier Kurort, Aletsch, 1950 m ü. M.)
Tel. 027 928 62 10
Fax 027 928 62 15
www.bettmerhof.ch
hotel@bettmerhof.ch
Christian Eyholzer
★★★ Hotel
21 Zimmer, 43 Betten

Fensterplatz-Spezialangebot: Während dem ganzen Sommer logieren Sie in einer Junior-Suite zum Preis eines DZ (CHF 100.–).

Saison
Juni bis Oktober, Dezember bis April.
Preise
Sommer: EZ CHF 90.–/100.–, DZ CHF 90.–/100.–, Junior-Suite CHF 120.– (Reduktion ab 3 Nächten CHF 10.–). Winter: EZ CHF 110.–/130.–, DZ CHF 105.–/125.–, Junior-Suite CHF 180.–. Inbegriffen sind Frühstücksbuffet sowie freier Hallenbadeintritt. Spezielle Familienzimmer. HP: 4-Gang Abendessen mit Wahlhauptgang CHF 35.–.
Lage
Ruhig, nahe des Dorfzentrums auf der autofreien Bettmeralp gelegen, direkt neben der neuen Sesselbahn Wurzenbord – mit atemberaubendem Blick auf die Walliser Bergwelt.
Zimmer
Grosszügige, heimelige Zimmer mit Bad/Dusche, WC, Schreibtisch, Telefon, Radio, TV, Haartrockner, Safe und Privatbalkon.
Küche
Vielseitige Gaumenfreuden:
* Restaurant «AlpuTräff» mit phantasievoller, urschweizerischer Küche
* Pizzeria «PiccoBello», das In-Lokal mit lockerem Ambiente und ital. Spezialitäten
* Hotelrestaurant «SacréBon»: 4-Gang-Abendessen mit Wahlhauptgang.
* Schöne Sonnenterrasse.

Sport/Erholung
In der schneesicheren Aletsch-Arena bleibt kein Wunsch unerfüllt. Im Sommer Golf oder Trendsportarten; interessante Wander- und Abenteuertouren im UNESCO-WELTNATURERBE-Gebiet.

VS **BLATTEN-RIED**
PTT Goppenstein–Ried-Blatten, Goppenstein (Autoverlad) 9 km, Sierre 36 km

HOTEL NEST- UND BIETSCHHORN

3919 Ried-Blatten
(Lötschental, 1460 m ü. M.)
Tel. 027 939 11 06, Fax 027 939 18 22
www.nest-bietsch.ch
nest-bietsch@loetschental.ch
Helene und Erwin Bellwald-Grob
★★★ Hotel
17 Zimmer, 30 Betten

Weder Fitness-Folterkammern noch Thermalsprudelbäder, weder Techno-Disco noch Beauty-Farm – dafür Natur à discrétion, klare Bergbäche, einsame Gipfel, säuselnder Bergwind, Blumenwiesen; mit anderen Worten: Alles, was es zum Sein braucht.

*Fensterplatz-Spezialangebot:
Das Hotel Nest- und Bietschhorn, Ihr Fensterplatz im Lötschental für Ihren Kurzaufenthalt. 4 Übernachtungen mit Halbpension CHF 360.–.*

Saison
Betriebsferien Mitte April bis Ende Mai, November bis Mitte Dezember.
Preise
EZ CHF 50.–/90.–, DZ CHF 125.–/170.–, inkl. Frühstücksbuffet, je nach Standard, Aufenthaltsdauer und Saison. Gruppenpreise ab 10 Personen. Fragen Sie uns nach unseren Spezialarrangements!
Lage
In einem herrlichen, im Sommer wie im Winter einladenden Gebirgstal, das nicht ohne Grund als eines der schönsten Alpentäler überhaupt gilt.
Zimmer
Die Zimmer sind geschmackvoll renoviert und verfügen über Bad/WC, Radio, Telefon und TV-Anschluss.
Küche
Das zum Hotel gehörende Restaurant «Ried» ist ein gepflegtes Speiselokal, wo wir Sie gerne kulinarisch verwöhnen – wenn die Witterung es gestattet, auch auf der Sonnenterrasse. Gepflegte Küche mit Schwergewicht auf hochwertigen, saisonalen und regionalen Produkten.

Sport/Wellness
Hoteleigene Sauna. Das Hotel ist Ausgangspunkt für unvergessliche Wanderungen, zum Bergsteigen, Skifahren (nordisch und alpin) oder zum Fischen.
Besonderes
Spezialwochen Malen und Zeichnen, Wanderwochen, Kräuterwochen, usw.

VS   BÜRCHEN

PTT Visp–Bürchen–Moosalp, Visp 10 km, Goppenstein 29 km

HOTEL BÜRCHNERHOF

Die Natur hautnah erleben in der sonnigsten Region der Schweiz – Ferien nicht für die Masse, aber nach Mass!

3935 Bürchen
(über dem Rhonetal, 1500 m ü. M.)
Tel. 027 934 24 34, Fax 027 934 34 17
www.buerchnerhof.ch
info@buerchnerhof.ch
Leitung: Regula und Hubert Lehner
★★★ Silence-Hotel
36 Betten und Appartements

«Fensterplatz-Romantik-Tage»:
2 Tage im DZ, inkl. Sternstundenmenü mit
4 verschiedenen Weinen und Fischmenu,
Begrüssungsüberraschung mit Cüpli,
Abschiedsbirkenbrot, viele weitere Extras
und Romantik pur: CHF 333.– pro Person.

Saison
4 Monate im Winter und 5 Monate im Sommer.
Preise
CHF 76.–/110.– pro Person und Nacht im DZ, je nach Aufenthaltsdauer und Saison.
EZ-Zuschlag CHF 25.–.
Lage
Auf einer sonnigen Terrasse rund 15 Autominuten oberhalb von Visp, eingebettet in sanfte Hügel und schützende Wälder. Von hier aus geniessen Sie eine unvergleichliche Aussicht auf die Bergwelt und weit hinunter ins Rhonetal.

Zimmer
Alle Zimmer mit Bad, Dusche/WC, Minibar, Safe, Radio/TV, Telefon, die meisten mit Balkon.
Küche
Unser Panorama-Restaurant mit der grossartigen Aussicht auf das Rhonetal lädt zum stilvollen Essen bei Kerzenlicht ein. Gaumenfreuden- und Sternstunden-Menus, kulinarischer Hochgenuss mit viel Phantasie und Liebe zubereitet.
Sport/Freizeit
Hallenbad im Haus, mit Sprudelbecken und Sitzecke, Sauna und Solarium. Vita-Parcours. Idealer Ausgangspunkt für Wanderungen (500 km Wanderwege) oder Biking (300 km markierte Mountainbike-Routen) und für Ausflüge (Zermatt, Saas-Fee, Aletschgletscher ...). Im Winter direkt bei den Skiliften und den Pisten (für Anfänger und Fortgeschrittene), den Langlaufloipen und dem Schlittelweg gelegen. 9 Skilifte stehen zur Verfügung (und Wartezeiten kennt man in Bürchen übrigens kaum!).

VS   **CRANS-MONTANA**
Funiculaire/Bus SMC Sierre–Montana, Sierre 14 km, Sion 25 km

HOTEL DU PARC

Sich verwöhnen lassen in jeder Beziehung.

3962 Montana-Crans
(Walliser Alpen, 1500 m ü. M.)
Tel. 027 481 41 01, Fax 027 481 53 01
hotel.parc@bluewin.ch
Marianne Walcher-Bonvin, Propr.
★★★★ Hotel, 74 Zimmer,
sehr ruhige Lage

*Fensterplatz-Spezialangebot:
Wann immer Sie kommen: Übernachtung im Doppelzimmer inkl. Frühstücksbuffet für CHF 82.– pro Person.*

Saison
Weihnachten bis Ende März und Anfang Juli bis Anfang September.

Preise
Einzelzimmer CHF 96.– bis CHF 202.–, Doppelzimmer CHF 164.– bis CHF 343.–, inklusive Frühstücksbuffet. Zuschlag für Halbpension CHF 40.–, für Vollpension CHF 72.–. Familienappartements bis 5 Personen.

Lage
Inmitten eines grossen Privatparks auf der Sonnenterrasse von Montana-Crans gelegen, mit Panoramasicht auf die beeindruckende Walliser Bergwelt. Die gute Luftqualität, das trockene Klima und die überdurchschnittliche Sonnenscheindauer machen aus Montana einen bevorzugten Ferien- und Kurort.

Zimmer
Moderne Zimmer mit allem Komfort, auf der Südseite mit Balkon. Familienzimmer.

Küche
Abwechslungsreiche Küche für jeden Geschmack. Verschiedene Restaurants mit vielfältiger Menüauswahl, Grilladen, Salatbuffet. Im rustikalen, gemütlichen «Carnotzet» werden Walliser Spezialitäten in der passenden Ambiance mit Kerzenlicht serviert. Bei schönem Wetter geniesst man das Frühstück auf der Terrasse mit einmaligem Panorama.

Sport/Erholung
Für Gesundheit und Fitness stehen Sauna, Fitnessraum sowie Tennisplatz und Bocciabahn zur Verfügung. Auf Wunsch geführte Wanderungen und Ausflüge. Mountainbiking, Spaziergänge. Für die Kleinen steht ein Kinderspielzimmer bereit. Die Sport- und Freizeitmöglichkeiten am Ort vermögen höchste Ansprüche zu befriedigen.

Besonderes
Im gemütlichen Salon beim prasselnden Kaminfeuer finden unvergessliche Begegnungen statt.

VS LEUKERBAD

Bus LLB Leuk–Leukerbad, Brig 46 km, Sion 42 km

HOTEL RESIDENCE PARADIS

*Das familiäre Ferienhotel
im Herzen von Leukerbad.*

3954 Leukerbad, Kunibergstrasse 14,
(1400 m ü. M.)
Tel. 027 470 12 33, Fax 027 470 12 42
www.hotel-paradis.ch
info@hotel-paradis.ch
Familie Freddy Böhlen
★★ Garni-Hotel
23 Zimmer, 43 Betten

*Fensterplatz-Spezialangebot:
Gültig vom 26.4.04 bis 2.7.04 sowie 24.10.
bis 24.12.04 (ausgenommen Feiertage):
Übernachtung im DZ mit Frühstücksbuffet,
inkl. 1 Eintritt ins Burgerbad: CHF 79.–/Person.*

Saison
Ganzjährig geöffnet
Preise
Sommer: EZ CHF 60.–/82.–,
DZ CHF 119.–/148.–; Winter:
EZ CHF 59.–/89.–, DZ CHF 119.–/164.–,
inklusive Frühstücksbuffet.
Ferienwohnung (1–8 Pers.) ohne
Hotelservice: CHF 50.–/160.–/Tag, mit
Hotelservice CHF 119.–/329.–/Tag.
Lage
Etwas erhöht, sehr ruhig und dennoch im Zentrum von Leukerbad gelegen. Bäder und Bahnen sind zu Fuss in 5 bis 7 Minuten erreichbar, die Torrentbahnen in 10 Minuten.
Zimmer
Helle, renovierte Zimmer mit Dusche/WC, Sat-TV, Radio, Telefon und Haartrockner. Geräumige Ferienwohnungen für Gruppen bis 8 Personen, auf Wunsch mit Hotelservice.
Sport/Erholung
Hauseigene Abteilung für Teil- und Ganzkörpermassagen durch dipl. Physiotherapeutin. Leukerbad erfüllt im Winter wie im Sommer alle Wünsche bezüglich sportlicher Herausforderung. Das Burgerbad ist die grösste alpine Thermalanlage Europas.

VS   VERBIER
PTT Le Châble–Verbier, Martigny 25 km, Bern 154 km

HOTEL AU VIEUX-VALAIS

Ein Ort für denjenigen, der die Stille sucht und gleichzeitig die Lebhaftigkeit eines dynamischen Skiortes geniessen möchte, gern dem Plätschern des Bergbaches zuhört und den Blick auf das wundervolle Bergpanorama liebt.

1936 Verbier
(Val de Bagnes, Unterwallis, 1500 m ü.M.)
Tel. 027 775 35 20, Fax 027 775 35 35
www.vieux-valais.ch
info@vieux-valais.ch
Familie Willy Griessen-Filliez
★★★ Hotel
20 Betten

Fensterplatz-Spezialangebot: Übernachtung im DZ CHF 100.– pro Person, inkl. Frühstücksbuffet. Gültig: 1.7.–15.9., 16.11.–21.12., 6.4.–1.5.

Saison
Geschlossen Mai/Juni und Mitte September bis Mitte November.

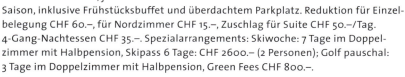

Preise
DZ CHF 200.–/260.–, je nach Saison, inklusive Frühstücksbuffet und überdachtem Parkplatz. Reduktion für Einzelbelegung CHF 60.–, für Nordzimmer CHF 15.–, Zuschlag für Suite CHF 50.–/Tag. 4-Gang-Nachtessen CHF 35.–. Spezialarrangements: Skiwoche: 7 Tage im Doppelzimmer mit Halbpension, Skipass 6 Tage: CHF 2600.– (2 Personen); Golf pauschal: 3 Tage im Doppelzimmer mit Halbpension, Green Fees CHF 800.–.

Lage
Auf einer Sonnenterrasse an ruhiger Lage mit prächtiger Aussicht eingangs des Ferienortes, 2 Minuten vom Ortszentrum und von den Sessel- und Schwebebahnen entfernt.

Zimmer
Besonders ruhige, schöne und heimelig eingerichtete Zimmer mit Bad/Dusche/WC, Farbfernseher, Teletext, Radio und Telefon, einige mit Balkon. Komfortables Wohnzimmer für die Gäste mit Bibliothek, Computer und Gratis-Internet-Anschluss.

Küche
Im öffentlichen Restaurant und Café sowie im Speisesaal (bis 80 Pers.) werden neben der traditionellen Küche viele Spezialitäten angeboten; gepflegter Weinkeller.

Sport/Freizeit
Alle Winter- und Sommersportarten. 400 km markierte Wanderwege. Viele Sehenswürdigkeiten und Ausflugsziele: Gletschermuseum, diverse Museen, Hospiz Grosser St. Bernhard u. a. m.

Besonderes
Familiär geführtes Bijou für Individualisten.

VS ZERMATT

BVZ Brig–Visp–Zermatt, Visp 35 km, Lausanne 170 km

HOTEL BELLAVISTA

Echte Gastfreundschaft erleben im Angesicht des Matterhorns in rundum stilvollem Ambiente.

Fensterplatz-Spezialangebot: Bellavista zum Kennenlernenpreis: ab CHF 135.– pro Person für 2 Übernachtungen im Doppelzimmer.

3920 Zermatt, Riedweg 15,
(autofrei, 1620 m ü. M.)
Tel. 027 966 28 10, Fax 027 966 28 15
www.reconline.ch/bellavista
bellavista.zermatt@reconline.ch
Familie Franz Götzenberger, Besitzer
★★★ Hotel
40 Betten

Saison
Juni bis Oktober und Dezember bis April.
Preise
EZ CHF 80.–/150.–, DZ CHF 140.–/240.–, Suiten CHF 214.–/310.–, inklusive reichhaltigem Frühstücksbuffet, wöchentlichem Begrüssungstrunk, Hallenbadbenützung im Hotel Christiania.
Lage
Leicht erhöht an bevorzugter Lage mit traumhaft schöner Aussicht auf Zermatt und das Matterhorn.
Zimmer
Alle Zimmer sind im Landhausstil liebevoll eingerichtet und verfügen über jeglichen Komfort (Bad/Dusche und WC, Telefon, Radio/TV, Haartrockner), die meisten mit Balkon. Zwei Suiten. Rollstuhlgängig, Nichtraucherzimmer.
Küche
Grosszügiges Frühstücksbuffet mit über 30 Sorten offenen Tees, hausgemachten Konfitüren und selbstgebackenen Spezialitäten. Wir verwöhnen Sie gerne im heimelig-gepflegten Speisesaal; von kleinen Gerichten bis zum Raclette- und Grillabend. Auserlesene Weine von kleinen Weinbauern.
Sport/Erholung
Im Sommer: Spazieren, Bergwandern (400 km Wanderwege), Bergsteigen (36 Viertausender), Radfahren, Paragliding, alle Sommersportarten. Im Winter: Alpin-Ski, Langlauf, Winterwandern, Skitouren, Schlitteln etc.; Skifahren das ganze Jahr über möglich.
Besonderes
Gratistransfer vom und zum Bahnhof. Geführte Wanderungen.

fensterplatz

WESTSCHWEIZ

Berne
Fribourg
Genève
Neuchâtel
Vaud

BE BIEL/BIENNE

AFA A1 Solothurn–Grenchen-Biel-Ost 30 km, Zürich 120 km, Basel 100 km, Bern 30 km

RAMADA Hotel Biel Plaza

Das Hotel an der Grenze zweier Kulturen und zweier Sprachen.

Fensterplatz-Spezialangebot:
Eine Übernachtung im Doppelzimmer inkl. Frühstücksbuffet, Willkommenscocktail, origineller Seelandrucksack mit Hin- und Rückfahrt nach Magglingen zum Preis von CHF 100.– p. P. und Nacht.

2502 Biel/Bienne, Neumarktstrasse 40
(438 m ü. M.)
Tel. 032 328 68 68, Fax 032 328 68 69
www.ramada-treff.ch
biel-plaza@ramada-treff.ch
Leitung: Roland Tegtmeyer, Direktor
★★★★ Hotel
105 Zimmer, 190 Betten

Saison
Ganzjährig geöffnet.
Preise
Doppelzimmer CHF 95.–/CHF 110.– pro Person und Nacht inkl. Frühstücksbuffet.
Lage
Im Herzen der Stadt Biel, in der Nähe des Bahnhofs, nur wenige Gehminuten von der autofreien Fussgänger- und Einkaufszone und von der Bieler Altstadt entfernt. Das Hotel befindet sich in der zweisprachigen und multikulturellen Region, direkt am See und am Fusse des Jura.
Zimmer
Komfortable Zimmer, Junior-Suiten und Suite, alle mit eigenem Badezimmer mit Bad oder Dusche/WC, Haartrockner, Kabel- und Pay-TV, Radio, Safe, Telefon, Wireless LAN sowie Minibar ausgestattet.

Küche
Das Restaurant «barrique» präsentiert eine kreative Küche aus lokalen und internationalen Gerichten. Dazu wird eine Auswahl von über 170 Weinen aus der ganzen Welt angeboten. Den Abend lässt man in der «Déjàvu» Lounge-Bar mit erlesenen Cognacs, Malt Whiskys oder einem feinen Glas Wein ausklingen. Nicht zu vergessen sind die auserlesenen echten kubanischen Zigarren.

Sport/Erholung
Fitnesszentrum mit Hallenbad und Sauna, Kraftraum und Gymnastik nur 5 Minuten entfernt. Wandern, Wassersport, Fahrrad-Touren, Trend-Sportarten und vieles mehr.
Besonderes
Schifffahrten auf dem Murten-, Neuenburger- und Bielersee, die untereinander verbunden sind, Besuch der unzähligen Weinkellereien, romantische «Watch-Valley-Touren» mit dem Besuch des Uhrenmuseums in La Chaux-de-Fonds oder des Omega-Museums in Biel.

VD CHEXBRES

SBB Bern–Lausanne, Lausanne 15 km, Montreux 15 km

HOTEL DU SIGNAL
DE CHEXBRES

1070 Puidoux-Gare
(Genfersee/Lavaux, 650 m ü. M.)
Tel. 021 946 05 05, Fax 021 946 05 15
www.hotelsignal.ch
info@hotelsignal.ch
Leitung: Familie de Gunten
★★★★ Relais-du-Silence-Hotel
118 Betten

Das Hotel in einzigartiger Lage über den Weinbergen des Lavaux, mit wunderbarem Ausblick über den Genfersee und die Savoyer Alpen.

*Fensterplatz-Spezialangebot:
2 Übernachtungen im DZ (Seesicht) inkl. Frühstücksbuffet, 1 Gourmet-Menü, Sauna- oder Dampfbad, Tennisstunde, freie Hallenbad- und Fitnessraum-Benützung, CHF 333.– pro Person.*

Saison
März bis November.
Preise
EZ CHF 105.–/250.–,
DZ CHF 95.–/180.– pro Person und Tag, je nach Zimmerstandard und Saison. Inkl. Frühstücksbuffet, Zugang zum Hallenschwimmbad und zu den Fitnessanlagen. Aufpreis für Halbpension CHF 40.–, für Vollpension CHF 68.–.

Lage
Das Hotel liegt in einem grossen, ruhigen, romantischen Park (200'000 m²) mit unvergesslicher Aussicht. Von hier aus erreicht man im Zug oder im Auto mit Leichtigkeit viele beliebte Ausflugsziele sowie kulturelle Anziehungspunkte im Raum Vevey-Montreux-Lausanne.
Zimmer
Alle Zimmer sind komfortabel eingerichtet, mit Bad/WC oder Dusche/WC, Telefon, Radio/TV, Safe. Die meisten mit Balkon und Blick auf den See.
Küche
Gepflegte Cuisine du marché. Tagesmenü, französisches Restaurant mit A-la-carte-Spezialitäten. Auf Wunsch auch spezielle Diäten. In der warmen Jahreszeit bedienen wir Sie gerne auf unserer Aussichtsterrasse. Imbissrestaurant gleich beim Schwimmbad.
Sport/Erholung
Hallenbad mit Garten-Solarium, Saunas, Dampfbad; eigener Tennisplatz, viele Spiele. Ungezählte Möglichkeiten für Wanderungen. 18-Loch-Golfplatz in 3 km Entfernung.
Besonderes
Das «Signal de Chexbres» bietet alles für erholsame und abwechslungsreiche Ferien in einer der schönsten Landschaften der Schweiz.

GE GENÈVE-CAROUGE
SBB Zürich-Genf

RAMADA Encore Genève La Praille

1227 Carouge-Genève, Route des Jeunes 12
(Genfersee 375 m ü. M.)
Tel. 022 309 50 00, Fax 022 309 50 05
www.ramada-treff.ch
geneve.encore@ramada-treff.ch
Leitung: Pascal Lefebvre, Direktor
★★★ Hotel
130 Zimmer, 208 Betten

«....simply better» heisst es im 1. RAMADA Encore Hotel in der Schweiz.

Fensterplatz-Spezialangebot:
Wochenende in Genf
Eine Übernachtung im Doppelzimmer inkl. Frühstücksbuffet, Willkommenscocktail, freies Parken in der Tiefgarage zum Preis von CHF 90.– p. P. und Nacht.

Saison
Ganzjährig geöffnet.
Preise
Doppelzimmer
CHF 230.–/290.– pro
Zimmer und Nacht exkl.
Frühstück.
Lage
15 Min. vom Flughafen Genf sowie vom Hauptbahnhof Genève-Cornavin und der Stadtmitte. Direkt neben dem neuen Genfer Stadion und dem Einkaufs- und Freizeitzentrum «La Praille» gelegen. Gute Anbindung mit dem öffentlichen Nahverkehr in die Innenstadt.
Zimmer
Klimatisierte und lärmgeschützte Zimmer mit komfortablen Betten, Badezimmer mit bodengleicher Dusche/WC, Haartrockner, beleuchtetem Schminkspiegel, Schreibtisch, Telefon, Internetanschluss, Kabel- sowie Pay-TV und Radio. Nichtraucherzimmer je nach Etage.
Küche
Eine Bar und 8 Restaurants mit Speisen von gutbürgerlicher über italienische bis hin zur exotischen Küche.
Sport/Erholung
Im direkt angeschlossen Einkaufs- und Freizeitzentrum mit über 80 verschiedenen Geschäften gibt es ein Fitness mit Schwimmbad, Whirlpool, Sauna und Solarium, Beauty-Center, Friseur, Kindergarten, Multi-Media-Zentrum, Bowling und Bar.
Genf bietet vielseitige Möglichkeiten (z.B. Schifffahrt auf dem Genfer See) und ist ein idealer Ausgangspunkt für Ausflüge zum Mont Blanc und in die französischen Alpen.
Besonderes
Im Genfer Stadion direkt neben dem Hotel werden tolle Konzerte durchgeführt, aber auch andere Projekte sind in Planung: Boxkämpfe, Rugby Turniere, American Football sowie die Organisation grosser Veranstaltungen.

BE   **MONT SOLEIL/ST. IMIER**

Standseilbahn St. Imier–Mont Soleil, St. Imier 8 km

AUBERGE L'ASSESSEUR

Ferienparadies mit beinahe unbegrenzten Möglichkeiten für Familien, Naturliebhaber und Sportler.

2610 Mont Soleil, Montagne-du-Droit
(Berner Jura, 1200 m ü. M.)
Tel. 032 941 23 60
Fax 032 941 23 67
www.lassesseur.ch
info@lassesseur.ch
Olaf Toggenburger und Caroline Wyss
Landgasthof, 12 Zimmer, 35 Betten

Fensterplatz-Spezialangebot: Übernachtung im Doppelzimmer mit Frühstück für zwei Personen ab 3 Nächten CHF 95.–/Nacht.

Saison
Ganzjährig geöffnet.
Preise
Doppelzimmer CHF 100.–/130.–, Alleinbenützung CHF 60.–/75.–, Familienzimmer CHF 135.–/190.–, reichhaltiges Frühstücksbuffet inbegriffen. Halbpension CHF 24.–. Familienfreundliche Preise!
Lage
Idyllische Lage mitten im Berner Jura mit Blick auf den Chasseral.
Zimmer
Zur Auswahl stehen rustikale Zimmer mit Dusche/WC oder die sehr gemütlichen Zimmer mit Etagendusche/WC. Beliebte Familienzimmer mit zwei Schlafräumen. Exklusiv: Romantikzimmer mit Himmelbett. Origineller Schlafsaal mit 8 Betten.
Küche
Gemütliches Restaurant mit gutbürgerlicher Küche aus frischen und vorwiegend regionalen Produkten. Exklusiv: Gallowayspezialitäten (Fleisch aus Muttertierhaltung). Schönes Gartenrestaurant mit altem Baumbestand und Blick auf den Chasseral.
Freizeit/Kultur
Im Sommer: Wanderwege, vielfältige Bike- und Velotouren und wunderschöne Reitstrecken beginnen vor der Haustüre. Erlebnispfad über erneuerbare Energie. Sonnen- und Sternwarte. Golfplatz, Tennisplatz sowie Squash-Center 10 Fahrminuten entfernt.
Im Winter: Langlaufloipe direkt vor dem Hotel, Winterwanderwege, Schlittelbahn, Schneeschuhwanderungen. Eisbahn, Hallenbad, Squash-Center in St. Imier. Ski alpin auf dem Chasseral.

NE **NEUCHÂTEL**
SBB Lausanne–Biel–Zürich, Biel 33 km, Bern 47 km

HOTEL BEAU-RIVAGE

Insel der Ruhe und Raffinesse in stilecht restauriertem historischem Bau.

2001 Neuchâtel
Esplanade du Mont-Blanc 1
Tel. 032 723 15 15, Fax 032 723 16 16
www.beau-rivage-hotel.ch
reception@beau-rivage-hotel.ch
★★★★★ Hotel, erstklassiges Haus *QQ*
65 Zimmer und Suiten
1993 prachtvoll renoviertes,
historisches Gebäude

Fensterplatz-Spezialangebot:
Doppelzimmer zum Preis von CHF 220.–
pro Zimmer inklusive Frühstück. Gültig
vom 1. Dezember 2004 bis 31. Januar 2005.

Saison
Ganzjährig geöffnet.
Preise
Übernachtung für 1 bzw. 2 Personen: Standard: CHF 320.–/390.–; Supérieure:
CHF 350.–/420.–; De luxe: CHF 400.–/470.–; Junior-Suite: CHF 600.–; Suite CHF 1500.–;
Frühstück CHF 24.–. Entspannungs-Weekend für 2 Personen ab CHF 220.–.
Vorteilhafte Pauschalangebote.
Lage
Zentral und ruhig vor einem der schönsten
Schweizer Panoramen gelegen, an privilegierter
Seelage im Herzen der Stadt Neuenburg.
Zimmer
65 komfortable und geräumige Zimmer und
Suiten mit Salon, möbliert mit erlesenen
Stilmöbeln, mit Bad und WC in weissem
Marmor und komfortablen Details. Radio und
Fernseher, individuelle Klimaanlage, Minibar,
Safe und separate Garderobe. Fax-, Internet-
und 3 Telefonanschlüsse. Wireless-LAN im gesamten Hotelbereich.

Küche
Regionale und französische Küche nach saisonalem Angebot im eleganten
Restaurant, in der Veranda (zusätzlich Snack-Karte) oder auf der Terrasse mit Blick
auf den See. Roomservice rund um die Uhr. Cocktailbar «Feedback».
Sport/Erholung
Grosses Spektrum an sportlichen, touristischen und kulturellen Möglichkeiten.
Wassersport vor der Haustür; Skilanglauf und Wanderungen im Jura.
Besonderes
Individuelle Bankettträume für Feste und Events bis 220 Personen.

FR **SCHWARZSEE**
GFM Freiburg–Plaffeien–Schwarzsee, Freiburg 23 km, Bern 40 km

SPORTHOTEL PRIMEROSE AU LAC

In der malerischen Bilderbuchlandschaft des Freiburgerlandes gelegenes Sport- und Gourmet-Paradies direkt am Schwarzsee.

1711 Schwarzsee
(Freiburger Alpen, Dorf 1050 m ü. M.)
Tel. 026 412 72 72, Fax 026 412 72 73
www.hotel-primerose.com
information@hotel-primerose.com
Das PRIMEROSE-TEAM, Ihre Gastgeber
★★★★ Hotel
160 Betten, 50 Hotelsuiten

Saison
Ganzjährig geöffnet. Betriebsferien im Monat April und vom 1.–20. Dezember.

Preise
Zimmer/Suite bei Einzelbelegung CHF 140.–/170.–, bei Doppelbelegung CHF 230.–/270.–. Pro weitere Person CHF 95.–. Zuschlag Halbpension CHF 43.–, Vollpension CHF 75.–. Wochenpauschalen CHF 996.– pro Person. Kurtaxe CHF 2.10.

Lage
Idyllisch direkt am Schwarzsee gelegen, abseits des Verkehrs. Idealer Ausgangspunkt für Wanderungen, Ausflüge und Sport. 20 Minuten von Freiburg entfernt. Bushaltestelle vor dem Hotel. Autobahnausfahrt A12 Düdingen-Schwarzsee.

Hotelsuiten/Einrichtungen
Das im Schweizer-Chaletstil gebaute Haus verfügt über 50 komfortable Appartements mit separatem Wohn- und Schlafraum; Kochmöglichkeit. Hallenbad, Sauna, Solarium, Fitnessraum und Hot-Whirlpool gewährleisten einen angenehmen Aufenthalt.

Küche
In der Rotisserie, in der Pizzeria (Pizza aus dem Holzofen), im Wintergarten und auf der Panoramaterrasse erwarten den Gast Gaumenfreuden aus Küche und Keller. Marktorientierte Küche, Gourmetmenüs, Grillabende im Sommer, italienische Spezialitäten, Bauernbuffet, Hüttenabende im Winter.

Sport/Unterhaltung
Ski alpin, Langlauf, Schlittschuhlaufen, Wandern, Mountainbiking, Pferdeschlittenfahrt, Tennis, Joggen am See. Im Sommer Segeln, Fischen, Pedalo, Exkursionen usw.

Besonderes
Das Primerose-Team bürgt für eine individuelle und jederzeit flexible Betreuung.

BE TWANN

Hotelbus ab Bahnhof Twann SBB, Biel 15 km

HOTEL FERIENDORF TWANNBERG

2513 Twann
(im Jura, über dem Bielersee, 868, m ü. M.)
Tel. 032 315 01 11, Fax 032 315 01 01
www.twannberg.ch
info@twannberg.ch
Peter und Brigitta Arnold
★★★ Hotel, 42 Zimmer

Freizeitoase im wildromantischen Berner Jura: der ideale Ausgangsort für grosse und kleine Abenteuer.

Fensterplatz-Spezialangebot:
1 Woche (7 Nächte) im DZ bzw. Familien-
zimmer, inkl. HP: bis 30. Juni 2004:
CHF 599.–/erwachsene Person
1. Juli bis 17. Oktober 2004: CHF 720.– p.P.

Saison
Februar bis November.
Preise
Pro Person/Tag im DZ/Maisonette-
zimmer CHF 60.–/90.–, ab 3. Person
CHF 45.–, EZ-Zuschlag CHF 30.–/40.–,
inkl. Frühstück sowie freier Hallenbad-,
Turnhallen- und Sportanlagen-
benutzung.
Lage
Auf sonnigem Jura-Plateau
über dem Bielersee gelegen,
einer vom Hausberg Chasseral
und malerischen Rebbau-
Dörfern geprägten Landschaft.
Zimmer
Alle Zimmer sind rollstuhl-
gängig mit Dusche/WC, Haar-
trockner, Safe, Telefon, Radio/Wecker und TV. Ideal
für Familien und Gruppen: geräumige, zweistöckige
Maisonettezimmer à 4 bis 5 Betten.
Küche
Öffentliches Restaurant mit grossem, saisonal
angepasstem A la carte-Angebot aus regionalem
Anbau. Heller Wintergarten und grosszügige
Terrasse, Selbstwahlrestaurant.
Freizeit/Kultur
Zahlreiche Spiel- und Sportmöglichkeiten
dank grosszügiger Innen- und Aussenanlagen.
Hallenbad. Bike-, Wander- und Ausflugs-
paradies. Grosser Kinderspielplatz, weitläufige
Spielwiese, Streichelzoo.

FR   **VERS-CHEZ-PERRIN/PAYERNE**

Bus Payerne/Romont–Vers-chez-Perrin (Mo–Fr), Payerne 2 km, Fribourg 20 km

AUBERGE DE VERS-CHEZ-PERRIN

1551 Vers-chez-Perrin/Payerne
(550m ü. M.)
Tel. 026 660 58 46, Fax 026 660 58 66
www.auberge-verschezperrin.ch
info@auberge-verschezperrin.ch
Familie Linder
Landgasthof, 7 Zimmer, 14 Betten

Kleines Bijou in einer bezaubernden Landschaft, die schon mehr als einen Künstler inspiriert hat...

*Fensterplatz-Spezialangebot:
10 % Rabatt auf Zimmerpreis gegen Vorweisung des Midena HotelGuides «fensterplatz».*

Saison
Ganzjährig geöffnet; Betriebsferien: jeweils die zwei ersten Augustwochen. Das Restaurant ist mittags immer, abends von Dienstag bis Samstag geöffnet.

Preise
Einzelzimmer CHF 100.–,
Doppelzimmer CHF 150.–,
Frühstück inbegriffen.

Lage
Die Auberge liegt mitten im Grünen, 2 km von Payerne entfernt. Hier erwartet den Gast, nebst Ruhe und Erholung, eine Oase der liebevollen Gastfreundschaft.

Zimmer
7 angenehm und komfortabel eingerichtete Zimmer mit Dusche, WC und TV.

Küche
Ausgezeichnete Spezialitätenküche in gemütlicher Atmosphäre, entweder im Speisesaal, in der «Pinte» oder im «Grotto». Unbedingt versuchen: eines der gastronomischen Menüs «Surprise»!
Ein sorgfältig geführter Weinkeller mit einer grossen Auswahl an besten Schweizer und französischen Weinen lässt das Herz jedes Kenners höher schlagen.

Freizeit/Kultur
Einzigartig schön angelegter Golfplatz, Schwimmbad und Europas grösste Indoor-Karting-Piste nur 2,5 km vom Hotel entfernt (www.payerneland.ch). Beliebter Ausgangspunkt für Velotouren und Wanderungen. Auf dem gut bestückten Kinderspielplatz können sich die Kleinen gefahrlos ausleben.

Besonderes
Eine Familienfeier in den landestypischen, stimmungsvollen Räumlichkeiten der Auberge wird zum unvergesslichen Erlebnis.

fensterplatz

ORTE NACH ALPHABET

ORTE NACH ALPHABET

A

Abtwil/St. Gallen	HOTEL SÄNTISPARK	14
Adelboden	ARENA HOTEL STEINMATTLI	116
Adelboden	HOTEL BEAU-SITE	117
Adelboden	RAMADA-TREFF HOTEL REGINA	118
Aeschi	HOTEL AESCHI-PARK	119
Amden	HOTEL ARVENBÜEL	15
Arlesheim/Basel	HOTEL GASTHOF ZUM OCHSEN	100
Arosa	BELAROSA HOTEL	34
Ascona	HOTEL MICHELANGELO	80
Ascona	HOTEL RIPOSO	81
Ascona/Porto Ronco	HOTEL LA ROCCA	82

B

Balsthal	HOTEL KREUZ-KORNHAUS-RÖSSLI	101
Basel	RAMADA PLAZA BASEL	102
Berlingen	SEEHOTEL KRONENHOF	16
Bettmeralp	HOTEL ALPFRIEDEN	150
Bettmeralp	CHALET-HOTEL BETTMERHOF	151
Biel/Bienne	RAMADA HOTEL BIEL PLAZA	160
Blatten-Ried	HOTEL NEST- UND BIETSCHHORN	152
Böttstein	SCHLOSS BÖTTSTEIN	103
Braunwald	HOTEL ALPENBLICK	17
Braunwald	HOTEL CRISTAL	18
Breil/Brigels	HOTEL CRESTAS	35
Brienz	SEEHOTEL BÄREN BRIENZ	120
Brienz	GRANDHOTEL GIESSBACH	121
Brienz	HOSTELLERIE LINDENHOF	122
Brissago	PARKHOTEL BRENSCINO	83
Brissago	HOTEL MIRTO AL LAGO	84
Bronschhofen/Wil	HOTEL-RESTAURANT BURGHALDE	19
Bürchen	HOTEL BÜRCHNERHOF	153
Bürgenstock	BÜRGENSTOCK HOTELS & RESORT	60

C

Caslano/Lugano	ALBERGO GARDENIA	85
Celerina/St. Moritz	HOTEL CHESA ROSATSCH	36
Chexbres	HOTEL DU SIGNAL DE CHEXBRES	161
Chur	ROMANTIK HOTEL STERN	37
Crans-Montana	HOTEL DU PARC	154

D

Davos Platz	HOTEL BEAU SEJOUR	38
Davos Platz	HOTEL MOROSANI POST	39
Davos Sertig	HOTEL WALSERHUUS SERTIG	40
Degersheim	HOTEL WOLFENSBERG	20

ORTE NACH ALPHABET

E
Emmetten	HOTEL SEEBLICK	61
Engelberg	HOTEL WALDEGG	62
Engelberg	RAMADA-TREFF HOTEL REGINA TITLIS	63
Engelberg	TREFF-HOTEL SONNWENDHOF	64

F
Faulensee	STRANDHOTEL SEEBLICK	123
Felben-Wellhausen	LANDGASTHOF SCHWANEN	21
Feusisberg	PANORAMA RESORT& SPA	22
Flüeli-Ranft	HOTEL PAXMONTANA	65

G
Genève-Carouge	RAMADA ENCORE GENEVE LA PRAILLE	162
Giswil	HOTEL LANDHAUS GISWIL	66
Grindelwald	HOTEL KIRCHBÜHL	124
Grindelwald	HOTEL KREUZ & POST	125
Gstaad	HOTEL ARC-EN-CIEL	126
Gstaad	HOTEL LE GRAND CHALET	127
Gstaad-Lauenen	HOTEL ALPENLAND	128
Guarda	HOTEL MEISSER	41
Gunten	PARKHOTEL AM SEE	129

H
Hergiswil	SEEHOTEL BELVEDERE	67
Herisau	HOTEL HERISAU	23
Horn	HOTEL BAD HORN	24
Hüttwilen	SCHLOSSHOTEL STEINEGG	25

I
Interlaken	HOTEL ARTOS	130
Interlaken	HOTEL GOLDEY	131
Interlaken	HOTEL INTERLAKEN	132
Interlaken/Bönigen	SEEHOTEL LA TERRASSE	133
Interlaken/Bönigen	HOTEL SEILER AU LAC	134
Interlaken/Iseltwald	KINNERS BELLEVUE	135
Interlaken/Wilderswil	HOTEL ALPENBLICK	136
Interlaken/Wilderswil	HOTEL BÄREN	137

K
Kandersteg	HOTEL BERNERHOF	138
Kandersteg	HOTEL ERMITAGE	139
Krattigen	HOTEL-RESTAURANT BELLEVUE-BÄREN	140
Kriegstetten	ROMANTIK HOTEL STERNEN	104

ORTE NACH ALPHABET

L

Lachen	HOTEL AL PORTO	26
Läufelfingen	BAD RAMSACH	105
Lauterbrunnen	HOTEL SILBERHORN	141
Lavin	HOTEL PIZ LINARD	42
Lenk	HOTEL KRONE	142
Lenzerheide	HOTEL SCHWEIZERHOF	43
Leukerbad	HOTEL RESIDENCE PARADIS	155
Locarno/Minusio	ALBERGO GARNI REMORINO	87
Locarno	RAMADA-TREFF HOTEL ARCADIA	86
Lotzwil	LANDGASTHOF BAD GUTENBURG	106
Lugano	HOTEL FEDERALE	88
Lugano	HOTEL PARCO PARADISO	89
Lugano-Paradiso	PARKHOTEL VILLA NIZZA	90
Lugano/Bissone	HOTEL CAMPIONE	91
Lugano/Cadro	CENTRO CADRO PANORAMICA	92
Lugano/Carona	HOTEL VILLA CARONA	93
Lugano/Gandria	HOTEL MOOSMANN	94
Lugano/Melide	ART DECO HOTEL DEL LAGO	95
Luzern/Horw	SEEHOTEL STERNEN	68
Luzern/Kastanienbaum	SEEHOTEL KASTANIENBAUM	69

M

Meiringen/Hasliberg	PARKHOTEL DU SAUVAGE	143
Meisterschwanden	SEEHOTEL DELPHIN	107
Meisterschwanden	HOTEL SEEROSE CLASSIC & ELEMENTS	108
Merlischachen	SCHLOSS-HOTEL SWISS-CHALET	70
Miglieglia	CASA SANTO STEFANO	96
Mont Soleil	AUBERGE L'ASSESSEUR	163
Mürren	HOTEL ANFI PALACE	144
Mürren	HOTEL JUNGFRAU UND HAUS MÖNCH	145

N

Neuchâtel	HOTEL BEAU-RIVAGE	164

O

Oberhofen	PARK HOTEL OBERHOFEN	146

P

Pfäffikon	LANDHOTEL SEEROSE	27

R

Rorschacherberg	SCHLOSS WARTEGG	28

ORTE NACH ALPHABET

S

Samedan	HOTEL BERNINA	44
Samnaun	HOTEL BÜNDNERHOF	45
Sarnen	HOTEL KRONE	71
Schangnau	HOTEL KEMMERIBODEN-BAD	109
Schwarzsee	SPORTHOTEL PRIMEROSE AU LAC	165
Scuol	HOTEL BELVEDERE	46
Seelisberg	HOTEL BELLEVUE	72
Sent	HOTEL REZIA	47
Sils-Baselgia	HOTEL CHESA RANDOLINA	48
Sils-Maria	HOTEL PENSIUN PRIVATA	49
Sils-Maria	HOTEL SERAINA	50
Sils-Maria	HOTEL WALDHAUS	51
Solothurn	ZUNFTHAUS ZU WIRTHEN	110
Speicher	HOTEL APPENZELLERHOF	29
St. Moritz	HOTEL EDEN	52
St. Moritz	HOTEL RANDOLINS	53
St. Moritz	HOTEL WALDHAUS AM SEE	54
St. Moritz-Champfèr	HOTEL CHESA GUARDALEJ	55
Stoos	SPORT- UND SEMINARHOTEL STOOS	73

T

Tarasp/Sparsels	SCHLOSSHOTEL CHASTÈ	56
Twann	HOTEL FERIENDORF TWANNBERG	166

U

Ueberstorf	SCHLOSS UEBERSTORF	111

V

Vacallo/Chiasso	HOTEL-RESTAURANT CONCA BELLA	97
Vella	HOTEL GRAVAS	57
Verbier	HOTEL AU VIEUX-VALAIS	156
Vers-chez-Perrin/Payerne	AUBERGE DE VERS-CHEZ-PERRIN	167
Vira-Gambarogno	HOTEL BELLAVISTA	98
Vitznau	ARABELLASHERATON VITZNAUERHOF	74

W

Wald-Schönengrund	HOTEL & RESTAURANT CHÄSEREN	30
Walkringen	HOTEL RÜTTIHUBELBAD	112
Weggis	HOTEL CENTRAL AM SEE	75
Wengen	HOTEL REGINA	147
Wildegg	HOTEL AAREHOF	113
Wildhaus	HOTEL STUMP'S «ALPENROSE» AM SCHWENDISEE	31
Wolfenschiessen	HOTEL OCHSEN	76

Z

Zermatt	HOTEL BELLAVISTA	157
Zernez	HOTEL BÄR & POST	58
Zug	SWISSHOTEL ZUG	77
Zurzach	PARK HOTEL BAD ZURZACH	114

Ein heisser Tipp!

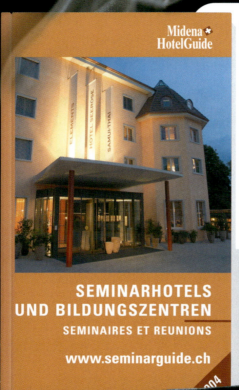

Unser Rezept

- 250 ausgewählte und geprüfte Seminarhotels
- ausnahmslos farbige Abbildungen
- ausführliche Beschreibungen
- einheitlicher Aufbau
- sehr gute Möglichkeiten für Preis- und Quervergleiche
- mit Checkliste für Fax-Anfrage

Mit dem Midena HotelGuide für
SEMINARHOTELS UND BILDUNGSZENTREN 2004
erleben Sie keine kalte Dusche bei der Organisation externer Anlässe.

ZU BEZIEHEN BEI:
Midena HotelGuides, Aarauerstrasse 25, 5600 Lenzburg 2
Telefon 062 892 44 77, Fax 062 892 44 34, vertrieb@fona.ch
www.seminarguide.ch

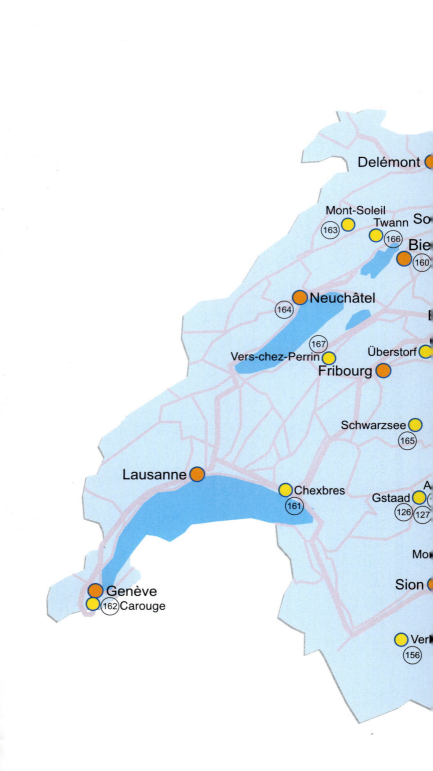